宜宾市博物院 YIBIN MUSEUM　宜宾市博物院学术刊物

西南学壁

罗培红　主编

文物出版社

图书在版编目（CIP）数据

西南半壁 / 罗培红主编 . -- 北京：文物出版社，2018.9

ISBN 978-7-5010-5672-9

Ⅰ . ①西…　Ⅱ . ①罗…　Ⅲ . ①文物工作—宜宾—文集 ②博物馆—工作—宜宾—文集　Ⅳ . ① G269.277.13-53

中国版本图书馆 CIP 数据核字（2018）第 208409 号

西南半壁

编　　者：宜宾市博物院

责任编辑：李缙云　刘良函

责任印制：张道奇

出版发行：文物出版社

地　　址：北京市东直门内北小街 2 号楼

邮政编码：100007

网　　址：http: //www.wenwu.com

邮　　箱：web@wenwu.com

经　　销：新华书店

印　　刷：北京京都六环印刷厂

开　　本：787mm × 1092mm　1/16

印　　张：10

版　　次：2018 年 9 月第 1 版

印　　次：2018 年 9 月第 1 次印刷

书　　号：ISBN 978-7-5010-5672-9

定　　价：68.00 元

发刊词

时值宜宾建城2200年之际，我们迎来了《西南半壁》的创刊。《西南半壁》是宜宾市文化广电新闻出版局主管、宜宾市博物院主办的学术刊物，它立足宜宾、面向西南，板块内容丰富，涵盖博物、文物、历史和非物质文化遗产等。刊物名称寄托了主办者的愿景，即希望能把它办成一个高质量的、拥有广大读者群的刊物。这里，可以赘及“西南半壁”称谓与宜宾的关联。清人顾汝修（1708~1792年）曾将“西南半壁”四字赠予宜宾，其题写的“西南半壁”匾至今仍悬挂在宜宾大观楼（全国重点文物保护单位）。顾汝修是四川人，历任翰林院编修、御史、顺天府尹、大理寺少卿；精通理学、金石、诗词、书法，是历史上一位颇有影响力的政治家、外交家、教育家和诗人。宜宾堪称“西南半壁”，是顾汝修对宜宾的认知，也是宜宾特殊地理位置和历史发展的必然。

宜宾是国家历史文化名城，拥有丰富的文化遗产。现全市登记有不可移动文物6280处，其中全国重点文物保护单位15处、省级文物保护单位43处、市级文物保护单位71处、区县级文物保护单位149处。同时，宜宾还有非物质文化遗产代表性项目169项（含扩展项目），其中国家级4项、省级23项、市级59项、县级83项。通过挖掘和提炼这些承载着历史文脉和城市底蕴的文化遗产，我们能更好地认清历史，把握未来。

博物馆（院）的功能是收藏、研究和展示文化遗产。今天，博物馆（院）已经渗透到教育、科学、旅游和环境等诸多领域，被视作文化的窗口、旅游的热点、学校的第二课堂。《西南半壁》则为文物文化工作者、爱好者、管理者提供了又一个交流的平台和联系的纽带。我们相信，《西南半壁》在大家的共同关心、帮助和支持下，一定能办得成功！

高大伦

四川省文物考古研究院院长、教授

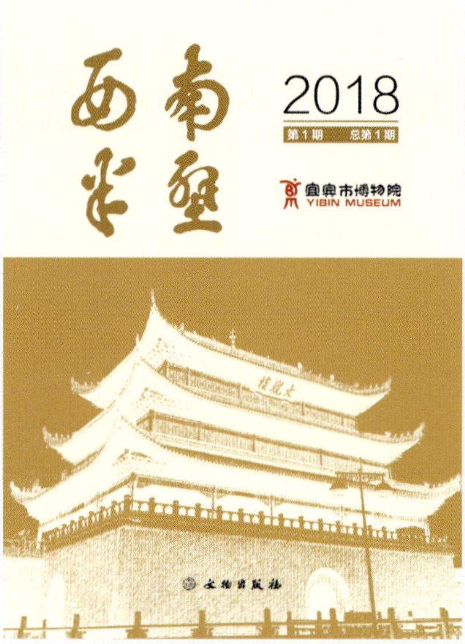

主管单位　宜宾市文化广电新闻出版局
主办单位　宜宾市博物院
编辑出版　西南半壁编辑部

地　　址　四川省宜宾市翠屏区真武山
　　　　　七组 46 号
邮　　编　644000
电　　话　0831-8224168
网　　址　xnbb2018@163.com

目　录 CONTENTS

2018年第1期　总第1期

酒都酒文化

刘跃进　魏晋风度与酒　/　001
高大伦　酒都酒风——宜宾五十年酒事杂忆　/　009
邢　文　“大交通文化”与酒文化　/　013

博物馆建设

李　林　从信息到故事：浅谈博物馆展览的传播策略　/　018
唐光孝　都云昆　对市（州）县级博物馆展陈设计的思考
——以四川绵阳博物馆建设为例　/　023

文物与保护

郝国胜　三峡文物保护成果　/　033
罗培红　殖殖其庭，有觉其楹——试述宜宾的文化遗产　/　041
蔡永旭　试析文物工作的趋势　/　049

研究与探索

王子今　居延汉简“累胡隧”考　/　053
李祥林　地名和茶的龙门阵　/　059
屈　川　川南“都掌蛮”铜鼓文化探讨　/　067
凌受勋　清代、民国时期以水码头宜宾为起点的
滇边岸盐路　/　078
郭军涛　周艳明　“执镜俑”所执为纨扇考　/　087
薛加友　试从川渝地区出土的商周铜铃看巴、
蜀文化之差异　/　098

古迹追踪

姚　军　李庄的建筑与故事　/　108
丁长芬　石门路与昭通——从唐袁滋题名摩崖石刻谈起　/　117

藏品与鉴赏

周　博　重庆中国三峡博物馆藏商周有铭铜器小识　/　122
晏满玲　孔　智　试述民国时期梁叔子的社会关系
——以泸州博物馆馆藏书画为例　/　128
郭　平　昭化德教碑及碑主张问惺　/　134
黄乐生　明昭武将军丁勇墓志考略　/　139

彩版一　三峡石宝寨寨楼

彩版二　采用仰墙护坡保护的三峡石宝寨

彩版三　东汉佛像（摇钱树上）

彩版四　战国鸟形铜尊

彩版五　三峡出土文物

彩版六　唐代铜佛像

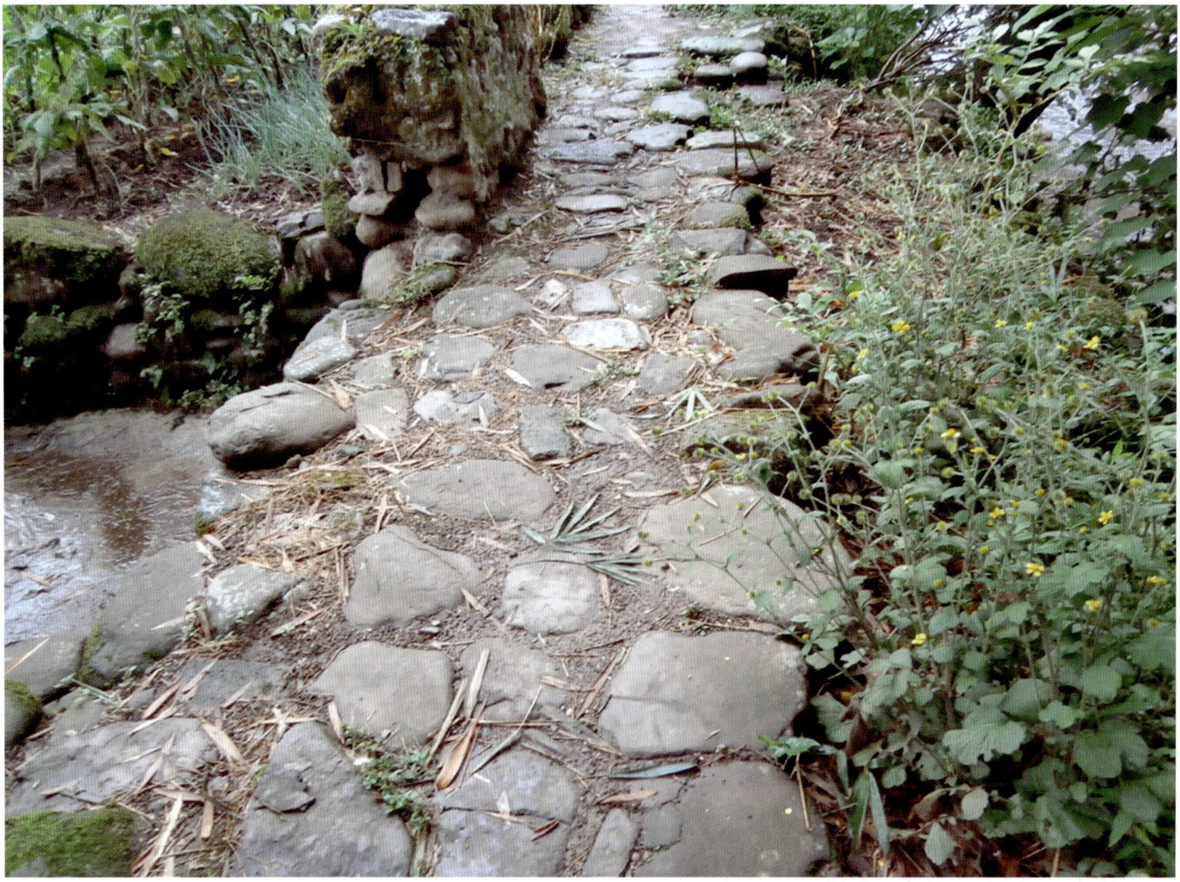

彩版七　筠连塘坝上油坊古盐道残存路面（2016 年 8 月凌受勋摄）

魏晋风度与酒

刘跃进　中国社会科学院文学研究所所长、研究员

一　服药：增加生命的长度

魏晋风度有三个重要标志：服药、饮酒、清谈。

在自然界，人最为无奈。《庄子》说："大块劳我以生，息我以死。"生死是最大的问题。陶渊明《形影神》："天地长不没，山川无改时。草木得常理，霜露荣悴之。谓人最灵智，独复不如兹。"《归园田居》："人生似幻化，终当归空无。"服药，也许是延长生命的最佳方式。《论衡・自纪》："适辅服药引导，庶冀性命可延。"秦汉以来，很多犯上作乱者，或宗教传播，或以符水治病为由，获取民众信任。如汉末黄巾军、五斗米教等，皆如此。近四十多年，在秦汉三国墓志发掘中发现很多药方，说明当时医药非常发达。魏晋的药又有不同，很多达官显贵多服食一种名为五石散的药。如嵇康与高士王烈交往，甚敬异之，"共入山，（王）烈尝得石髓，如饴，即自服半，余半与康，皆凝而为石。"所谓"石髓"，即尚未凝固的钟乳，是构成古代名药"五石散"的主要成分之一。曹操的养子、后来又成为女婿的何晏亦以服药出名。《世说新语・言语》载何晏话："服五石散，非唯治病，亦觉神明开朗。"服药之风，东晋亦然。《世说新语・文学》载："王孝伯（王恭）在京行散至其弟王睹户前，问：古诗中何句为最？睹思未答。孝伯咏：所遇无故物，焉得不速老。此句为佳。"行散，就是人在服药之后通过不断地走路将药性散发出来。鲍照《行药至城东桥》："行药至东城"。杜甫诗："行药头涔涔"，皆如此意。这种药，具有养生壮阳的作用，会使服药之人面色红润，皮肤娇嫩。所以，时人都愿意效仿。服药之人须发散药性，故服饰宽大，一时宽大成为风尚。《颜氏家训》："梁朝士大夫皆尚褒衣博带，大冠高履。"故多虱子，扪虱而谈，也是风度。《与山巨源绝交书》："危坐一时，痹不得摇，性复多虱，把搔无已。"故后来有《扪虱录》这样的书名，记录奇闻异事。

二　饮酒：增加生命的密度

吃药有门槛，故饮酒更为常见。《史记・殷本纪》就有商纣王"设酒池肉林"

的记载，可见酒在中国有着悠久的历史。那时，甚至还有专门掌管酒的官吏，叫大酋。《礼记·月令》说："仲冬之月，乃命大酋，秫稻必齐，曲蘖必时，湛炽必洁，水泉必香，陶器必良，火齐必得，兼用六物。大酋监之，毋有差货。"《汉旧仪》载，汉代酒官叫太官、汤官，"奴卑各三千人"，可见皇室酿酒业规模非常庞大。私家酿酒就不计其数了。张衡《南都赋》说："酒则九酝甘醴，十旬兼清。醪敷径寸，浮蚁若萍。"曹操《上九酝酒奏》就提到南阳郭芝家的九酝酿酒法："三日一酿，满九斛米止。"《汉官》载，皇家每年正月要设宴款待群臣，称为"嘉会之好"，常有万人之多。民间饮酒就更不用说，非常普遍。所以，汉代的文学作品乃至考古发掘中出土的画像砖、帛画、漆画、壁画等，常有宴饮题材。满城刘胜夫妇墓的耳室中陈列着 33 个大陶缸，发掘之初还能看到酒液蒸发后的痕迹。近来，考古界还发现了尚未蒸发的酒液。

古人喝酒极有讲究。先说酒器，《礼记·礼器》注：凡觞，一升曰爵，二升曰觚，三升曰觯，四升曰角，五升曰散。喝酒的程序也有讲究。《礼记·玉藻》载："君子之饮酒也，受一爵而色洒如也，二爵而言言斯，礼已三爵而油油以退。退则坐取屦，隐辟而后屦，坐左纳右，坐右纳左。"曹丕《典论论文》的记载，荆州刘表好酒"为三爵，大曰伯雅，次曰中雅，小曰季雅"。伯雅七升，中雅六升，季雅五升。刘表为汉末八俊之一，为当时名士所趋附。曹植《箜篌引》说："乐饮过三爵，缓带倾庶羞。主称千金寿，宾奉万年酬"，描写的就是这种情形，谓酒过三巡之后，人们就开始换上便服，自由地品尝各种美味食品。当然，私人宴饮就没有那么多讲究了。《汉书》东方朔曰："臣闻消忧者，莫若酒也"，曹操也说："何以解忧，唯有杜康"。所以，很多文人为酒唱赞歌。扬雄有《酒箴》，曹植有《酒赋》，并为酒唱赞歌。扬雄在《酒箴》中借酒器的不同命运讽喻官场的险恶和混浊，"子犹瓶矣。观瓶之居，居井之眉，处高临深，动常近危。酒醪不入口，臧水满怀，不得左右，牵于纆徽。一旦叀碍，为瓽所轠，身提黄泉，骨肉为泥。自用如此，不如鸱夷。鸱夷滑稽，腹如大壶，尽日盛酒，人复借酤。常为国器，托于属车，出入两宫，经营公家。由是言之，酒何过乎？"

当然，制酒需要很多粮食，且酒如果不及时喝掉就会变酸。《法言》卷三有"日昃不饮酒，酒必酸"的说法。在饥荒年代，粮食紧缺，制酒就会受到限制。《汉书·食货志》载："一酿用粗米二斛，曲一斛，得成酒六斛六斗。"酒精度数与稻米好坏相关，酿好酒就得用好稻米。《汉书·平当传》如淳注："稻米一斗得酒一斗为上尊，稷米一斗得酒一斗为中尊，粟米一斗得酒一斗为下尊。"文景以来，统治者多次下禁酒令，原因即在于此。曹操征兵打仗，考虑到这个问题，就曾下禁酒令。孔融本身就好酒。《后汉书·孔融传》说："宾客日盈其门，常叹曰：坐上客常满，尊中酒不空，吾无忧矣。”故他十分反对这个命令。《后汉书·孔融传》所载孔融《难曹公表制酒禁书》，文曰：

酒之为德久矣。古先哲王，类帝禋宗，和神定人，以济万国，非酒莫以也。故天垂酒星之耀，地列酒泉之郡，人著旨酒之德，尧不千钟，无以建太平。孔非百觚，无以堪上圣。樊哙解厄鸿门，非豕肩钟酒，无以奋其怒。赵之厮养，东迎其王，非引卮酒，无以激其气。高祖非醉斩白蛇，无以畅其灵。景帝非醉幸唐姬，无以开中兴。袁盎非醇醪之力，无以脱其命。定国非酣饮一斛，无以决其法。故郦生以高阳酒徒，著功于汉；屈原不餔糟歠醨，取困于楚。由是观之，酒何负于治者哉！

这段话，旁征博引，雄辩滔滔。其中“天垂酒星之耀，地列酒泉之郡，人著旨酒之德”等语，引发了李白的联想。他在《月下独酌》中说：“天若不爱酒，酒星不在天，地若不爱酒，地应无酒泉”，即从扬雄、孔融的语意生出。扬雄说：“由是言之，酒何过乎？”孔融也说：“由是观之，酒何负于治者哉？”所不同者，扬雄反说，孔融正说而已。

孔融上书后，曹操还真有书回答，讲了一番禁酒的道理。孔融不服，再上书，曰：“昨承训答，陈二代之祸，及众人之败，以酒亡者，实如来诲。虽然，徐偃王行仁义而亡，今令不绝仁义；燕哙以让失社稷，今令不禁谦退；鲁因儒而损，今令不弃文学；夏商亦以妇人失天下，今令不断婚姻。而将酒独急者，疑但惜谷耳，非以亡王为戒也。”这种批驳还真有道理。古人有的行仁义而亡，有的谦让而亡，有的因儒学而损，有的因沉溺声色而亡，那为什么不禁止仁义、谦让、学术和婚姻呢？最后作者点出禁酒的真实目的，就是节省粮食。既然如此，就直接挑明不是更好？这叫曹操非常为难。后来，他借理由杀掉了孔融。

其实，曹操父子也是好酒的。曹操就说：“对酒当歌，人生几何。譬如朝露，去日苦多。慨当以慷，忧思难忘。何以解忧，唯为杜康。”曹植也“任性而行，不自雕励，饮酒不节”。竹林七贤中，山涛“饮酒至八斗方醉”。阮籍放浪形骸，有人劝他要注意礼法，阮籍却说：“礼法岂为我辈设耶？”阮籍本不愿意出仕做官，但是听说步兵校尉府厨中有酒数百斛，便求之。他常常纵饮数十日，高唱“服食求神仙，多为药所误。不如饮美酒，被服纨与素”（《古诗十九首》）。他的侄子阮咸与人喝酒，不用杯子，直接用瓮。有群猪来饮，他也不在意，直接上去共饮之。《晋书·刘伶传》记载，“常乘鹿车，携一壶酒，使人荷锸而随之，谓曰：‘死便埋我。’其遗形骸如此。”《世说新语·任诞》载：刘伶放浪形骸，饮酒不节，常脱衣裸形于房内，纵饮不节，人劝止。他还说：“我以天地为栋宇，屋室为裈衣，诸君何为入我裈中？”“刘伶病酒，渴甚，从妇求酒。妇捐酒毁器，涕泣谏曰：君饮太过，非摄生之道，必宜断之。伶曰：甚善，我不能自禁，唯当祝鬼神自誓断之耳。便可具酒肉。妇曰：敬闻命。供酒肉于神前，请伶祝誓。伶跪而祝曰：天生刘伶，以酒为名。一饮一斛，五斗解酲。妇人之言，慎不可听，便引酒进肉，隗然已醉矣。”还作《酒德颂》为自己寻找理论根据：

有大人先生，以天地为一朝，万期为须臾。日月为扃牖，八荒为庭衢。行无辙迹，居无室庐。幕天席地，纵意所如。止则操卮执觚，动则挈榼提壶。唯酒是务，焉知其余。有贵介公子，搢绅处士。闻吾风声，议其所以。乃奋袂攘襟，怒目切齿。陈说礼法，是非锋起。先生于是方捧罂承槽，衔杯漱醪。奋髯踑踞，枕曲藉糟。无思无虑，其乐陶陶。兀然而醉，豁尔而醒。静听不闻雷霆之声，熟视不睹泰山之形。不觉寒暑之切肌，利欲之感情。俯观万物，扰扰焉如江汉之载浮萍。二豪侍侧焉，如蜾蠃之与螟蛉。

《酒德颂》最早收录在刘义庆《世说新语·文学》，文字与《文选》大体相同。唐人修《晋书·刘伶传》、《初学记》卷二十六亦载录此文，文字基本相同。“先生于是方捧罂承槽，衔杯漱醪。奋髯踑踞，枕曲藉糟。无思无虑，其乐陶陶。”两手捧着酒器，慢慢饮酒，胡须荏苒，踑踞而坐，怡然自得之情溢于言表。糟，当是酒糟。又作槽，则为酒器。李贺《将进酒》“小槽酒滴真珠红”中的“槽”便指酒器。醪，浊酒。杜甫《醉时歌》“不须闻此意惨怆，生前相遇且衔杯”即原于“衔杯漱醪”四字。所以杜甫特别感慨，说“得钱即相觅，沽酒不复疑。忘形到尔汝，痛饮真吾师”。

萧统《陶渊明集序》：“有疑陶渊明诗，篇篇有酒，吾观其意不在酒，亦寄酒为迹者也。”齐梁时期的文人已经看出魏晋名士嗜酒，有不得已者，有许多难言之隐。《晋书·阮籍传》说他“属魏晋际，天下多故，名士少有全者，籍由是不与世事，遂酣饮为常”。当时司马氏想找阮籍麻烦，他常常大醉不问世事。嵇康作《家诫》，十分世故地告诫自己的儿子处事谨小慎微。阮籍之子阮浑长成，“风气韵度似父，亦欲作达。步兵曰：仲容已预之，卿不得复尔。”仲容指阮咸，竹林七贤之一。可见他们放浪形骸，饮酒不节，实在是不得已而为之的。

魏晋人饮酒还有一个说词，就是追求形神相亲。当时名士常说：“三日不饮酒，觉形神不复相亲。”按照老庄的说法，形神相亲则神全，物我两忘。酒则是达到这种境界的最好实践。所以《世说新语》记载王孝伯的话说：“名士不必须奇才，痛饮酒，熟读离骚，便可称名士。”陶渊明诗文篇篇有酒，追求的就是形神兼备的境界。陶渊明常蓄无弦琴，每当喝酒高兴，常常抚弄以寄意。寄什么意呢？就是人与自然和谐的境界。显然，他饮酒不是避难，首先是追求一种诗意的生活，《饮酒》二十首序称“既醉之后，辄题数句自娱”。在酒的境界中，他“采菊东篱下，悠然见南山”。其次便是追求一种物我两忘的境界。第七首：“一觞虽独尽，杯尽壶自倾。日入群动息，归鸟趋林鸣。啸傲东轩下，聊复得此生。”第十四首：“不觉知有我，安知物为贵。又有迷所留，酒中有深味。”《形·影·神》论神的境界：“纵浪大化中，不惧亦不喜。当尽便须尽，无复独多虑。”

三　清谈：政治话语

这便涉及到清谈问题了。王羲之认为“清谈废务，浮文妨要，恐非当今所宜。”对于清谈的评价，非常之低。如果回到那个历史场景中，我们不难发现，魏晋清谈，并非无的放矢。嵇康《赠秀才入军》描写一种优游容与的生活情趣。

息徒兰圃，秣马华山。流磻平皋，垂纶长川。目送归鸿，手挥五弦。

俯仰自得，游心太玄。嘉彼钓叟，得鱼忘筌。郢人逝矣，谁与尽言。

“目送归鸿，手挥五弦”为全诗的警句。顾恺之曾说：画“手挥五弦”为易，而画“目送归鸿”为难，因为前者只要勾勒出形貌就行，而后者却要传神写照，表现出人的精神状态，说明当时的艺术界已经注意到人的精神风貌的重要性了。蒋济著有《眸子论》，顾恺之为裴恺画像，却特别突出他面颊上的三根毫毛以显示他的特征。“目送归鸿”，丹青所难以表现的正是内在的精神。“俯仰自得，游心太玄”一句，实际是当时士大夫纵情玄学的真实写照。当时有所谓“三玄”之说，即《周易》《老子》《庄子》。他们在理论上提出许多的命题，比如才性四本、言意之辨、声无哀乐、三教异同、圣人无情等，并就此展开激烈的辩论。这叫清谈。这些理论命题绝不是无的放矢，而是有着强烈的政治内涵。清谈时，还伴有道具，即所谓麈尾。孙盛与殷浩谈论不休，“掷麈尾”，乃至毛落饭碗。

问题是，为什么魏晋时期特别看重这三件事呢？这要从东汉末年说起。苏轼《潮州韩文公庙碑》：“自东汉以来，道丧文弊，异端并起。”所谓异端并起，言下之意是指传统儒学式微，而道教兴起，佛教传入。三种思潮的兴衰更替，促成了三种文化的冲突与融合：第一种是外来文化（如佛教）与中原文化的冲突与融合；第二种是传统文化与新兴文化（如道教）的冲突与融合；第三种是官方文化与民间文化的冲突与融合。因此，东汉后期，处士横意，臧否人物，成为一时风气。正是在这样一个混乱的历史条件下，以曹操为代表的寒门乘势而起。

公元200年的官渡之战，曹氏胜，袁氏败。这不是一家一户的成败问题，而是寒门与高门较量的缩影。袁氏的失败，表明以儒家思想为正宗的豪门世袭暂时受挫。此后，北方完全为寒门出身的曹操所控制。

建安元年（196年），曹操的势力逐渐壮大，并在建安四年官渡之战中胜袁绍。建安十三年赤壁之战中，曹操虽然未能获得胜利，但却稳定了北方。此后，至建安二十五年，曹操牢牢地控制北方，控制东汉最后一个皇帝汉献帝，挟天子令诸侯。

建安二十五年元月，曹操死。那些隐忍屈辱的豪门看中了司马懿父子，支持他们向曹氏夺权。

司马懿小曹操二十四岁，后死三十一年。曹操对他既爱又恨，爱他有才，恨他阴毒，深知自己的后代不是他的对手。曹操说他有“狼狈相”，诏使前行，令反顾，而正向反而身不动。于是司马懿“勤于吏职，夜以忘寝，至于刍牧之间，悉皆临履”。赢得了曹氏家族的信任。魏明帝在位十三年，临终之际下遗诏，由他与曹爽辅佐八岁少帝曹芳。他几乎不问政事，装了十年的糊涂，摆出一副超然物外的样子。但是，就在正始十年，当志得意满的曹爽陪着曹芳皇帝祭扫明帝高平陵之际，他在京城发动了政变，凡曹爽“支党皆夷及三族，男女无长少，姑姊妹之适人者，皆杀之”，史称“高平陵之变”。司马懿所以敢于这样恨毒，就在于他得到了豪族强民的支持，同时，寒族出身的一些官吏（如贾充之流）也站在了司马氏一边。与司马氏形成鲜明对照的是以嵇康为代表的竹林七贤。此外，何晏、王弼等在其中也扮演了极特殊的角色。

竹林七贤这个名称最早见于东晋孙盛《魏氏春秋》：“（嵇）康寓居河内之山阳县，与之游者，未尝见其喜愠之色。与陈留阮籍、河内山涛、河内向秀、籍兄子咸、琅邪王戎、沛人刘伶相与友善，游于竹林，号为七贤。”1960年春夏，南京市西善桥附近出土了一座南朝古墓，墓中有“竹林七贤与荣启期”砖刻壁画，现今存放于南京博物院。画面中有八人，除七贤外，还有一个荣启期，各自席地而坐，每人中间均有植物间隔开来，但不是竹子，而是银杏、垂柳、松树、槐树，在向秀与荣启期之间有一株阔叶竹。这说明竹林七贤曾有过密交往之说并非虚构。这在史书中可以找到很多例证。

嵇康为谯郡亳县人，与曹氏同乡。又为曹魏的姻亲，娶曹丕、曹植的异母兄弟曹林之女（或说孙女）为妻，从此获中散大夫。然而，他生活在司马氏掌握大权的时代，这本身就已使他面临着严重的威胁，而偏偏他的性格又过于执着，不肯随波逐流，结果常常把自己放在整个社会的对立面，成为众矢之的。作为豪门势力代表的司马氏，为了获得整个士族的支持，首要的工作是以儒学相标榜，倡导儒术。而嵇康在言行上却处处显现出与儒术格格不入的态度。《养生论》讽刺孔子“神驰于利害之端，心骛于荣辱之途。”儒家认为八音与政通，也就是《毛诗序》所说：“治世之音安以乐，其政和；乱世之音怨以怒，其政乖；亡国之音哀以思，其民困。”而嵇康却主张“声无哀乐”。孔子说：“学而时习之，不亦乐乎？”嵇康又来发难，作《难自然好学论》，认为如果不用学习就能有吃有喝，人们是不会自找苦吃地去学习。他的朋友山涛推荐他出来作官，他又作《与山巨源绝交书》，说自己有“七不堪”和“两不可”。他有七种习惯：喜欢晚起、喜欢游动、身上多虱、讨厌写文书、厌倦吊丧、讨厌俗人、厌烦杂事，而他所反感的这七件事又是官场必不可少的，所以他说自己不堪忍受。如果说这“七不堪”多还属于个人习性方面的问题，不至于引起统治者太多的反感，那么，他的“两不可”却无论如何也不能再让统治者等闲视之了。这“两不可”是：一则“非汤武而薄周孔”，二则“刚肠疾恶、轻肆直言”。司马氏篡夺天下，首先是以儒术相倡导，以儒家正统自居，而嵇康却大不以为然，当然会使那些权贵坐卧不安，必欲致之死地而后快。许多司马氏的党羽想尽各种办法在嵇康身上打主意，设法陷害他。比如有一次嵇康正在打铁，钟会来看他，嵇康向来不愿意理他，于是装作视而不见的样子，继续做自己的事。钟会讨个没趣，灰溜溜地要走。没想到嵇康又冷冷地问了他一句：“何所闻而来，何所见而去？”钟会的答话也软中藏刀：“闻所闻而来，见所见而去。”这样一种过于切直的性格，加之又对司马氏所倡导的名教采取了一种近乎本能的厌倦与对立的态度，使他的人格、诗品充满悲剧色彩。对此，他也深有感触，并且在诗文中一再提及当时环境的险恶：“鸟尽良弓藏，谋极身心危。吉凶虽在己，世路多险巇。”对官场的憎恶、对仕途的反感，使他越发对山林隐逸的生活充满了向往。他把庄子的归返自然的精神境界视为自己的人生理想，与阮籍、向秀、山涛、阮咸、刘伶、王戎共为竹林之游。魏晋名士，首先以他们为代表。

三国纷争，从某种意义上说，就是人才的竞争。曹操要想统一天下，就必须要网罗人才。在豪门所把持选官用人的汉代，像曹操这样出身卑微的人一般是难有出头之日的。曹操原本是宦官养子的后代，其祖父曹滕是东汉著名的宦官，收养了曹嵩，生曹操。陈琳在为袁绍撰写讨伐曹操的檄文中就骂曹操“赘奄遗丑，本无令德”，从中不难看出曹操在大家世族心目中的位置了。曹操曾有一首诗说到自己卑微的身世：“自惜身薄祜，夙贱罹孤苦。既无三徙教，不闻过庭语。其穷如抽裂，自以思所怙。虽怀一介志，其时谁能与。守穷者贫贱，惋叹泪如雨。”在宗法制度盘根错节的古代，卑微的出身，历来被视为是一件耻辱的事。李斯就说过：“诟莫大于卑贱，而悲莫甚于穷困。”曹操在《让县自明本志令》这篇著名的文章中回顾自己的早年生活曾说到这一点。他说自己年轻时最大的愿望只是想当一郡太守，后来志向升为典军校尉。在平定汉末变乱中，曹操借机扩充了势力，他的理想又升为封侯。死后在墓碑上写着：“汉故征西将军曹侯之墓”。斯为足矣。在两汉门阀制度下，曹操有这样的理想，已经近于天方夜谭了。不过，时势造英雄。184 年黄巾起义爆发，曹操参与了镇压起义军的活动。中平六年（189 年）灵帝死，外戚何进谋诛宦官，反被诛杀，朝中大乱。西凉军阀董卓带兵入据洛阳，废少帝刘辨，立献帝刘协。杀太后。曹操逃出洛阳，东归陈留。其时袁绍、袁术等实力人物起兵于东方。曹操募得五千参加混战，这是他建立军事大权的开始。当时他已经三十五岁了。建安元年（196 年），曹操将处于困境中的汉献帝迎至许昌，自己充当了保护人的角色，“挟天子以令诸侯”，动辄打出“奉辞伐罪”的旗号，使对手处于不利境地。几十年来的身世际遇使他认识到，要想立于不败之地，取得当政的合法性，就必须先打破过去的用人制度和精神壁垒，广开渠道，延揽人才。于是他首先从传统的儒家学说开刀。儒家讲究孝道，而曹操则唯才是举，只要有才，哪怕背负着不忠不孝的罪名，也可以委以重任。他曾一次又一次地发布求贤令，一次比一次把问题提得更尖锐、更深刻，其核心是唯才是举。门阀士族服膺儒术，讲求孝悌之道，以为有德者必有才。而他则以为有德者未必有才。这种用人制度的根本分歧在当时思想界引起了强烈的反响。当时有“才性四本”之争，即：才性异同或才性离合。一派主张才与性是分离的，有才未必有德，即才性相异相离；另一派认为才与性是紧密结合的，有德必有才，即才性相同相合。陈寅恪先生在《书〈世说新语·文学类〉钟会撰〈四本论〉始毕条后》中敏锐地指出，由这清谈的命题，可以鲜明地区分出两大政治势力范围：主张才性分离的一定属曹党，而主张才性相同的一定是门阀士族的代言人。可见，清谈有着很深刻的政治内涵，值得我们仔细辨析。

酒都酒风

—— 宜宾五十年酒事杂忆

高大伦　四川省文物考古研究院院长、教授

宜宾自称酒都，从酒的产量和名气上来说也配得上这个美名。不过像国都有国君、有百官和万民一样，酒都除了酒皇，还该有酒臣和酒民，酒皇是从酒民中产生的。所以酒都不能、不该只讲酒皇——五粮液的故事。我们也无法想象从明代起，宜宾就只有五粮液一根独酒苗。从明清到今天，社会变化沧海桑田，一根独苗能存活就已是奇迹，没有竞争绝不可能成长壮大，无绿叶红花也不好看。

我想讲的是我所经历的，几乎可以肯定不是喝五粮液酒的，而是以宜宾那群老百姓为主角的，二十世纪五十年代到八十年代的酒事片段。

一　听父辈讲五十年代往事

大约是学考古考据的职业的习惯性思维所致，我始终是不太相信 1915 年中国几种名酒在巴拿马万国博览会上的故事的（但这无损我们名酒的光辉形象）。那时有无茅台、五粮液、泸州老窖的酒名都是可以探讨的。

近代四川发展比沿海要慢得多。二十世纪二、三十年代，宜宾泸州才在民国经济黄金十年（1927~1937 年）中迎来大发展，故五粮液、泸州老窖得名于此时不是偶然。日本侵华严重打乱了我国近代化的进程。直到五十年代，国家的白酒全国推广计划才开展起来。开天辟地第一次，五粮液和后来划属宜宾的泸州老窖被评上了全国名酒。那时，恰逢土改以后，农民当家做主，生产热情空前高涨，全国国民经济在短期内得到恢复，粮食产量创历史新高。随之而来的多余的粮食便需要转化，国家也要发展商品经济。于是，新中国第一波酒业大发展开始了。在大力发展经济的号召下，第一次全国名酒评比应运而生。

这一次的白酒生产高潮为六十年代的第二次腾飞打下了良好的基础。

二 六十年代的朦胧记忆

二十世纪五十年代末到六十年代初，由于国家经济出现了严重的问题，酒成为了奢侈品。本人在父辈的回忆讲述中听到的都是吃饭问题，酒，提都不曾提到。可以想到的是，对老百姓来说吃饭都是天大的问题了，自然不可能有余粮转化的酒。

好转发生在1962年的“三自一包”后。粮食有所结余后，每个乡镇又都办起了“糟房”——生产烧酒的作坊。记忆当中，住在小镇上的我家，斜对面就是糟房。我们曾在糟房的锅里烫过脚，那是儿时很温馨的记忆。镇镇（村村）都有烧酒作坊也是很壮观。直到“四清”运动开始，这些作坊被当做走资本主义道路的典型给清理掉。十七、八年后——1980年初才开始恢复镇镇（村村）有酒坊的盛况。自1962年起到“文化大革命”前，商品经济很活跃，三六九赶场，能看到古蔺大曲、尖装酒、泸州大曲、泸州二曲、泸州三曲等，一般是一、二元一瓶，询价的多，注目的多，掏包者少。

普通老百姓都是买土酒——每斤7角4分钱，和一斤白糖价格一样。土酒又分高粱酒和包谷酒两种，几乎所有人都喜欢高粱酒。

这时的酒还是能随时买到的，还没有凭票供应。

1966年“文化大革命”开始，各种物资骤然紧张，严重到了凡购买商品都要票证的地步。布、肉、粮、油、烟、茶、柴、盐，开门七件事的生活必须品都须要凭票购买了；不用多想，酒也自然归入票证计划供应之列。前些年，泸州还把“文革”期间的酒票上的宣传语“酒是粮食精，少喝为革命”拿出来宣传，可见一斑。

在此期间，酒是怎么供应的呢？城镇人口一般是元旦、五一、国庆、春节有供应，每人半斤；农村是夏、秋农忙和春节有三次供应，每人二两。这也是城乡差别。到粮食紧张时，也不能保证每个节日都有酒供应，但城乡的春节和乡下的农忙时节还是有酒供应的。

三 难以忘怀的七十年代

到了70年代初，酒的供应持续紧俏，迫使民间不得不想很多办法来酿酒。于是，烂苕干酒和甘蔗皮酒应运而生并大行其道。两种酒的酿造方法如下：

地瓜酒：

1.材料：红苕5千克、酒曲5个、水5千克。

2.做法：（1）选取没有腐烂的红苕，洗净后蒸热。

（2）蒸热后，把热气腾腾的红苕摊开晾晒半小时，待红苕剩下一点余热后和曲一起搅拌（一公斤苕配半个曲）。

（3）搅拌后，立即把红苕盛入小瓦缸内，再用谷糠把缸窝好，保证一定温度，这样3~4天可出酒。0.5公斤红苕可掺半斤水。

3.特点：干、辣、冲。

甘蔗酒：南美朗姆酒就是用甘蔗酿

的。巴西用甘蔗制酒精做燃料。广安岳池嘉陵乡福兴村的甘蔗皮残渣酿酒（糖泡子酒），味苦，下等酒。2015 年 3 月 18 日《华西都市报》有报道。

据说烂苕干酒优于干蔗皮酒，产量也要比甘蔗皮酒大得多。七十年代初期开始，对农村基本就是在供应烂苕干酒和甘蔗皮酒，虽没敞开卖，但也比粮食酒容易买到啦。七十年代中期起，烂苕干酒还有规模化生产的趋势，有的县还搞起了以烂苕干为原料的机械化酒厂。今天某县著名酒厂的前身和那家机械化酒厂就脱不了干系。即使到了 1977 年，我下乡的地方还是以烂苕干酒为主。当然，同样在七十年代，大城市里居民还是有工业券、副食品券等票证供应各种日常生活用品，虽少倒也聊胜于无。比如白酒的供应券，凑齐 5 张可买到一瓶成都大曲或文君酒。

六十年代中期到七十年代前期，五粮液这种酒在我们小镇偶尔还是有卖的，当时售价大约是 3 元左右一瓶。记得有一次供销社的货架上摆了一瓶五粮液，两个多月才被神秘买主买走。当时小镇上的人一个月的工资才 10 多元，小学一期学费才 2 元多点，农村一个劳动力每天才挣 0.2~0.3 元，农民要半个月不吃不喝才能买到一瓶五粮液。许多人看着酒瓶开玩笑，最后都说买不起，还自嘲说，喝了又不能登仙，没必要喝，有钱也不会买来喝。颇有点阿 Q 的精神。

一直到七十年代，小地方喝酒都不用酒杯，而是两人或多人把酒倒入一小碗中转着喝，即喝转转酒。这种喝法，一般是从长者、尊者、老辈子开始，大家都比较自觉，一般不会转到自己这儿就一咕噜喝一大口。谁这样做就是没修养的表现，要被大家瞧不起。这种喝法直到八十年代初以后才消失。原因有二：一是酒多啦，餐具也多啦，人们生活讲究啦，可以一人一酒杯；二是人们重视个人卫生啦，而共用一酒杯显见是不卫生的。

这一时期，喝酒划拳又流行起来啦。郑启友发表在 2016 年 6 月 8 日的《宜宾日报》上的文章说拳法有 10 种：四季拿财、公公拳、滇拳、广东拳、蚂蚁拳、棒棒拳、龙灯拳、猜单双、数十八罗汉、丢骰子。我认为至少还该增加一种：螃蟹拳。从拳名来看，一些拳可能与清代移民形成的文化有关。

四　记忆犹新的八十年代

1980 年前后，宜宾、泸州还没分家，政府曾有整合五粮液和泸州老窖等名酒的举措——成立宜宾地区名酒公司。

1978、1979 年家庭联产承包责任制在全国开始全面推广后，短短两三年间，全国粮食大丰收，中国农民解决了吃饭问题，而且产生了一大批剩余劳动力。多余的粮食需要转化，又有富裕劳动力可招聘，于是酒都酒城酒乡的宜宾兴起了办酒厂之风，红楼梦酒、柳湖春、华夏酒、叙府大曲、故宫液、翠屏春、五粮春等一系列酒品牌就是那时诞生的。当时，酒厂林立，基本是乡乡都有，甚至村里办酒厂的也不少，说宜宾有成百上千家的酒厂也毫不夸张。1983、1984 年，政府第一次治理经济过热现象，很多酒厂在此时倒闭了。今天还存在的几个品牌，就是从那个年代经过激烈的市场竞争后留下的优良品牌。五粮液倒是在激烈的竞争中迅速做大做强。在这个时期，五粮液的售价涨到 5 元每瓶。即使这样，要买到一瓶五粮液还得费一番周折。

随着生活水平的提高，一些传统习俗也恢复了，比如祝寿庆生和结婚中的抬酒习俗。当然，还有一些习俗在消失，比如随着卫生的讲究和生活水平的提高，喝转转酒的场景渐渐看不到啦。商品经济发达，打酒的少啦，一提一两、二两、半斤的竹提变成铁皮的，竹篓做的挑子渐渐被塑料桶所取代。买瓶装酒的多啦，抬酒习俗也自然而然地改成送瓶装酒。

余　论

在我国的特殊体制下，酒业的兴衰与国民经济的发展轨迹是一致的。经济好的时候，老百姓过上好日子高兴，喝酒之风自然盛行，酒业兴旺。反之，制酒业就会衰退，随之而来的就是各种各样的限酒令、禁酒令的出台。

即使二、三十年代，经济发展良好的时期，宜宾的酒坊也都是小酒坊。据我们了解，四十年代以前各地的酒坊都是小酒坊，产量、销量、销地有限，名酒也基本只是闻名当地。解放后尤其是八十年代以来，酒的产量和销量以及饮酒之风的盛行，绝非历史上任何一个时期可比。

现有两个问题提出来供大家思考。一是五十年代的酒业兴旺，是否受到苏联的直接或间接影响？二是七十年代末期后，某些行业刮起的饮酒之风与那个年代在那个行业发生的重大事件之间的关系。

不管怎样，当今的酒鬼们真是赶上了好时代啊。

"大交通文化"与酒文化

邢　文　美国达慕思大学教授
西南交通大学特聘教授、文学院副院长

一

作为"大交通文化"的酒文化，是认识与理解酒文化与交通文化的重要切入点[1]。

交通文化源自上古，从史前到当代，内容极为丰富。近现代交通的发展，尤其是当代全球高铁战略所催生出的新时代交通文化，意义更是重大。十九大报告谈及"加快建设创新型国家"时，明确提出"交通强国"，作为"贯彻新发展理念，建设现代化经济体系"的重要国家方略，交通文化的重要性可见一斑[2]。酒文化也是源自上古。自古以来，酒文化在人神交通、人际交通以及不同政治、经济与文化等种种交通中，发挥着至关重要的作用。在"大交通文化"的时代，酒文化的意义已超越民族、国家与文化的疆界，表现于人类命运共同体的现在与未来。如果说"大交通文化"至少包括三个层面的内容，即"位移和技术层面上陆海空等基础设施的互联互通"，"经济和产业层面上基础设施建设与工业化、城市化的有机融合"，和"文化和文明层面上旨在形成'人类命运共同体'的交流沟通和交融汇通"[3]，那么，作为"大交通文化"的酒文化，则主要作用于第三个层面，其历史意义与现实意义亟待重新认识与评价。

对于"大交通文化"与酒文化的正确理解与客观认识，无法离开时间与空间等不同维度的考察。但无论是时间的还是空间的维度，人类对于酒文化的探源，都必须跟随考古学家来到中国的史前。

二

据考古学家与考古生物学家的研究，中国河南舞阳贾湖所出史前"贾湖酒"，是目前所知人类历史上最古老的酿造酒[4]。贾湖新石器时代遗址最早发掘于1983年，在1987年之前进行的6次发掘中即清理墓葬349座，并发现骨笛16支等，震惊世界。舞阳贾湖是新石器时代的早期遗址，其年代通过对伴出的木炭、泥炭作碳 14 测定，并经树轮校正，定为距今 7800~9000 年[5]。曾有美国学者于 1999 至 2004 年与中国考古学家合作，对贾湖 6 次发掘所采集的部分陶片所存残留物质进行成分分析，确认其中含有酒类挥发后的酒石酸，其成分与米酒、葡萄酒、葡萄丹宁酸等所含某些化学成分相同，还含有山楂、蜂蜜等化学成分的酒类沉淀，把人类酿酒史提前至距今 8000~9000 年前，使贾湖遗址成为发现世界上最早酿造酒类的史前遗址。

贾湖酒是新石器时代贾湖文化的一部分，反映中国古代先民人神交通的原始思想与文化。

与史前人神交通文化有关的贾湖文化遗存中，最重要的发现当属与殷墟甲骨文“目”“八”等字同形的龟甲刻划与带有不同颜色小石子的史前龟铃[6]。“目”字形刻划的意义，李学勤先生等已有详细讨论[7]。但有着“目”字形刻划的龟甲所出墓葬，多有人神交通的文化特征，似未为学者充分关注[8]。见有“目”字形刻划的龟甲，出于贾湖 M344 号墓葬；龟甲位于男性墓主头部位置，而该墓主的头骨几已不存[9]。此枚龟甲是墓主头部位置八件（套）龟甲之一，与一件神秘的杈形骨器一起，摆放成圆形堆积，与墓主的头颅当有重要的关联意义。龟甲中多见一定数目、大小相若的彩色石子，应为原始象占、数占等史前占卜文化的遗存。

考察贾湖的史前数占，不能脱离贾湖骨笛的文化背景。贾湖骨笛的制作与使用，充分说明史前先民对于原始数学的理解与掌握远远超出我们通常想像的水平，反映了史前先民对于音律及其原始计算相当准确的认识与把握。“从数学的角度看，一个有规则的律制属于数学中的一个集合，而律制中每一个音律是集合中的一个元素。”[10]经研究，贾湖骨笛已经具备了七声音阶，能吹奏以 C 为宫的下徵调七声音阶或是以 D 为宫的六声（或七声）清商音阶[11]。然而，七声音阶的骨笛制作，是需要以相当程度的数学计算为基础的[12]。在贾湖所出史前骨笛中，至少有 5 支骨笛的表面仍然可见骨笛制作时留下的计算刻度，它们分别是第 341 号墓的第 1 号、第 282 号墓的第 20 号、第 253 号墓的第 4 号等。如果新石器时代的上古先民，在社会生产力极其低下、工具技术极为原始的年代，已在骨笛的制作与使用上倾注了如此大量的心力，那么，骨笛之于贾湖人一定有着特殊的精神意义。

从过程主义考古学的角度来看，贾湖骨笛的精神意义，当置于与同出的贾湖龟铃与贾湖酒等相同的社会文化系统加以考察[13]。《国语・郑语》：“虞幕能听协风以成乐物生者也。”[14]虞幕，韦昭说是“舜后虞思也。”[15]学者对此多有考辨，此不赘述[16]。但虞幕能辨听协风成乐，与天地万物沟通，以合万物之性，与孔子吹律定姓的传说等，都说明了贾湖骨笛作为上古乐器与天地交通的功能。《乐记》论乐有：“八风从律而不奸，百度得数而有常。”[17]乐律、数占均为贾湖史前文化的标志性遗存，均属相同的史前社会文化系统，表现着史前先民人与精神、与宇宙之道不同维度之间的交通——这种精神的、文化的关联性背景，也正是贾湖酒的过程主义考古学背景；贾湖酒的史前文化意义，不能摆脱这样的关联性背景的文化意义。贾湖酒当可帮助古人进入特定的精神状态，与超越凡俗的神秘力量相交通，与贾湖骨笛、贾湖龟铃异曲同工。也就是说，贾湖酒的产生，不只是一种孤立的酒类饮品的诞生；在过程主义考古学中，贾湖酒是一种具有文化交通意义的史前文物，与史前贾湖文化密不可分。因此，酒文化溯源，不难溯至贾湖酒与贾湖文化；作为目前人类已知最古老的酒，贾湖酒自产生伊始，即是具有“大交通文化”特征的酒，与文化密切关联甚至相伴而生。

三

作为“大交通文化”的酒文化，不仅见于史前的贾湖文化，也见于历史时期的中外文化。不论是中国的“仪狄造酒”或“杜康作酒”的传说，还是古王国时期埃及金字塔墓壁所见采摘葡萄、酿酒、窖藏等壁画，不论是宋徽宗的《文会图》还是提香的《酒神图》等，东、西方各不相同的酒文化可谓不胜枚举[18]。在此，我们仅就中国书画中所见酒文化与不同维度的交通，聊举数例以见其意。

宜宾博物院所藏傅抱石《深秋》设色山水立轴，绘一老者持杖深山秋叶之中。秋风萧瑟，云山磅礴，全图无酒，却酒意酣畅——峰石峭壁，俱用抱石皴，水墨淋漓，直如天风海雨。抱石作画，无酒不能成。建国后，傅氏与关山月应邀为人民大会堂作《江山如此多娇》，傅氏向总理求酒，总理特批茅台40余瓶。个中缘由，大约与“李白斗酒诗百篇”同理——酒能通神，能帮助艺术家超越理性的羁绊，实现不同维度之间的精神交通。此类事例，艺术史上俯拾皆是，如“天下第一行书”《兰亭序》的成功，即是仰赖酒神之助。凡此种种，不一而足。

尽管傅抱石假《江山如此多娇》之作，王羲之藉兰亭修禊之事，畅饮美酒，留下传世经典，但文人士夫饮酒挥翰，文心妙悟随酒而发，与神思相交通，并不需要鸿篇巨制或上巳佳日的理由。文徵明题《流觞图》：“何必流觞须上巳，一帘芳意四时春”，说的就是曲水流觞，何必非等到春日修禊？一年四季，无不可以是三月初三[19]。文氏之心，或即天下文人之心。许初亦有：“引觞随曲泛，列坐本无期”[20]，皆同其意。

诗文书画之外，经史之学融入酒文化，也多其例。《北齐校书图》原为扬子华所作，唐人阎立本曾为之再拟画稿，今传本为宋摹本残卷。画中所绘为北齐天保七年（556年）文宣帝高洋命樊逊等人刊校五经诸史的故事。阎立本赞之：“曲尽其妙，简易标美，多不可减，少不可逾，其唯子华乎！”画中可见，诸文士把酒校书，有老者似不胜酒力，但也不能挣脱同事的纠缠。校订五经诸史，仍以美酒相伴，虽不得“一觞一咏”“畅叙幽情”，但或亦可“狂来轻世界，醉里得真如。”[21]

怀素拈出“醉里真如”之前，有句：“远鹤无前侣，孤云寄太虚”[22]，似得穿越维度之义——鹤飞高远前无侣，已入无人之境；孤云一片寄太虚，委实天外有天。这里的无人之境、天外有天，似已超越我们习知的三维世界，一如抱石皴与混沌吸引子的相似与自相似，进入了分维的世界，或曰建立起三维与分维之间的交通——这种交通，显然是我们所说的“大交通”；这种“大交通”，在此显然是建立在酒文化之上[23]。

注释

［1］本文据“2017 中国国际名酒文化节”“五洲酒韵”酒文化鉴赏活动专题演讲：《没有文化的酒与没有酒的文化——作为“大交通文化”的酒文化》（2017 年 12 月 19 日，四川宜宾）辑改而成。限于篇幅，内容多有删节。

［2］习近平：《决胜全面建成小康社会　夺取新时代中国特色社会主义伟大胜利——在中国共产党第十九次全国代表大会上的报告》，2017 年 10 月 28 日第 3 版《光明日报》。

［3］徐飞：《纵横“一带一路”——中国高铁全球战略》，第 104 页，格致出版社、上海人民出版社，2017 年。按很多学者所说的“大交通”，其实只是狭义的“大交通”概念，仅包括世界级的交通运输枢纽与信息枢纽，以及全球交通网络的重点节点等。我们所说的“大交通”“不止与经济的种种内涵，如农业、工业、贸易、赋税等等息息相关，和国家政治组织、文化传播、民族关系、对外的交往，也无不有着相当密切的联系”（李学勤《〈秦汉交通史稿〉序》，王子今：《秦汉交通史稿》，第 1 页，中共中央学校出版社，1994 年），参见邢文《“大交通”与“交通文化”——西南交大人文“跨越”的国际化路径》，“创新、包容、共享：大学国际化发展论坛”（2017 年 11 月，四川峨眉）论文。

［4］Brad Horn，“Aged 9，000 Years，Ancient Beer Finally Hits Stores”，National Public Radio，“All Things Considered”，July 17，2010，12：00 AM，EST.

［5］河南省文物研究所：《河南舞阳贾湖新石器时代遗址第二至六次发掘简报》，《文物》1989 年第 1 期，第 1~14 页。

［6］俞伟超：《含山凌家滩玉器和考古学中研究精神领域的问题》，《文物研究》第五辑，第 57~63 页，黄山书社，1989 年。

［7］Xueqin Li，Garman Harbottle，Juzhong Zhang，Changsui Wang，“The Earliest Writing？ Sign Use in the Seventh Millennium BC at Jiahu，Henan Province，China”，Antiquity 77.295（March 2003），Pp. 31–44.

［8］邢文：《数理美术史中的汉字表意传统》，世界汉字学会第五届年会“汉字文化圈各表意文字类型调查整理研究报告”国际学术研讨会（2017 年 9 月，湖北宜昌）大会特邀主题发言。

［9］河南省文物研究所：《河南舞阳贾湖新石器时代遗址第二至六次发掘简报》，《文物》1989 年第 1 期，第 5 页。

［10］陈其翔、陆志华：《律制的共性及数学表达》，《四川音乐学院学报》1997 年第 3 期，第 3~10 页。

［11］黄祥鹏：《舞阳贾湖骨笛测音研究》，《文物》1989 年第 1 期，第 15~17 页。

［12］Rachel W. Hall and Kresimir Josic，“The Mathematics of Musical Instruments，” The American Mathematical Monthly，Vol. 108，No. 4（2001），Pp. 347–357.

［13］邢文：《汉代帛画：结构、象征、宇宙观》，《民族艺术》2012 年第 1 期，第 29~34 页。

[14] 上海师范大学古籍整理所点校:《国语》，第 512 页，上海古籍出版社，1990 年。

[15] 同 [14]。

[16] 邢文:《太古之声：汉晋古琴、时空转换与〈乐〉经的再认识》,《民族艺术》2012 年第 2 期，第 13~17 页。

[17] 李学勤主编:《十三经注疏·礼记正义》卷三十八，第 1110 页，北京大学出版社，1999 年。

[18] 邢文:《没有文化的酒与没有酒的文化——作为“大交通文化”的酒文化》

[19] 见故宫所藏文徵明《流觞图》跋。按文氏此图，长期被误作《兰亭修禊图》，我据原图题跋，作有详辨，可见邢文:《书画同“理”——中国手稿文化背景中的理学画与〈流觞图〉》,《美术》2015 年第 5 期，第 120~123 页。

[20] 见故宫所藏文徵明《流觞图》跋。

[21] 怀素:《自叙帖》。

[22] 同 [21]。

[23] 抱石皴无酒不能成，已见上述；怀素好酒，书史上与张旭合称“颠张醉素”。

从信息到故事：浅谈博物馆展览的传播策略

李　林　四川大学历史文化学院讲师

摘　要：本文以现代博物馆展览设计的公众传播策略为切入点，分析了信息主导型陈列在中国博物馆展览实践应用中的现状、特点和瓶颈。针对传统考古学研究方法和公众传播需求之间的矛盾，以泸州市博物馆合江三号汉代画像石棺的故事化解读和多媒体动态展示为案例，提出博物馆展陈中故事脉络构建的原则和方法。文章在结论部分结合博物馆信息故事化传播的发展趋势，通过“历史真相”与“故事演绎”的辨析，对信息和故事之间的辩证关系进行了延伸性探讨。

关键词：博物馆展览；信息主导；故事脉络；传播策略

一　信息主导的展览趋势

自从面向公众开放的博物馆（牛津大学阿什莫林博物馆，1683年）诞生以来，博物馆展览理念一直在随着学科思想的进步而改变。从以实物为核心的展陈方式转变为以信息主导的传播模式，大致经历了200年的时间。大卫·狄恩（David Dean）在20世纪90年代初期提出了信息主导型展览（Information-oriented Exhibition）的概念[1]。在这种以学科信息为核心的展览设计过程中，策展人首先根据博物馆的性质和宗旨提炼出符合其功能定位的展览主题，再构建出能够有效传递展览主题思想的结构层次，然后遴选出能够支撑各层级信息的展品，最后通过展陈中的传播媒介把信息传递给观众。在新的展览体系中，展品本身不再是展览唯一的焦点，它已经转变为信息传递的重要实证。莉萨·罗伯茨（Lisa C. Roberts）也指出，信息在展览中应该发挥核心作用，“一些博物馆专业人员忽略了一个基本的事实：博物馆展览的出发点是其特有的传播属性，而选择、分类、安排展品仅仅是陈列布展的最基础工作，展品本身起到的作用取决于展览的设计者希望它们传达的信息。”[2]

二十一世纪的中国博物馆发展进入了前所未有的黄金时期，在信息主导的设计理念指导下，国内涌现出大量新建或经过改陈的地方历史展览。近年来，全国博物馆十大展览陈列展览精品奖获得者山西博物院基本陈列“晋魂”（2006年）、浙江省博物馆基本陈列“越地长歌”（2010年）、天津博物馆基本陈列“中华百年看天津”（2012年）和蔚州博物馆陈列“代蔚长歌”（2016年）等得到学界认可的地方历史陈列都体现出明显的“信息主导”特色。上述博物馆在展览中大量利用历史学、考古学、民俗学等相关学科的研究成果，通过内容设计形成富有逻辑性的主题和故事线，并在陈列手法上综合应用图文展板、多媒体技术、艺术场景等方式作为传播媒介，充分体现出信息层次的丰富性以及信息传播方式的多样性。

然而，尽管信息传播在展览中的核心位置已经基本确立，但很多博物馆在学术信息的转化和面向公众的传播方面仍然存在诸多问题。有的展览将学术研究成果直接应用于展览中，图文展板和展品标签上各种专业名词和学科术语令人望而却步；有的展览以大众化的标题吸引观众，却无法在展览框架结构以及展品解读方面摆脱固有模式的束缚；有的展览只重视传播途径的新颖性，展厅中令人目眩的多媒体装置仍然无法掩饰陈列语言晦涩难懂的尴尬。因此，如何将聱牙诘屈的学术语言转化为形象生动的陈列语言，仍然是博物馆在信息传播策略上面临的难点和瓶颈。

二　学术信息的故事化解读

早在20世纪中叶，法国哲学家梅洛-庞蒂（Merleau-Ponty）就从哲学的立场指出博物馆将活生生的历史装扮成华而不实的历史。他说：“博物馆把艺术从产生它们的环境挪出，而在它们真正的价值上加上一层假的特权……这种生命的历史真实性在博物馆里只能提供一个崩溃的影像。”[3]庞蒂的指控主要针对博物馆“艺术品化”的陈列方式，即仅仅从视觉观赏的角度营造参观氛围，将所有的历史文物、民俗文物放置于精心设计的展柜中，甚至让最普通的生活用品也“变身”成为让人顶礼膜拜的艺术珍品。尽管此类陈列也不乏大量的文字标签，但其内容也不外乎文物本身的材质、造型、纹饰、工艺、用途等个体属性的介绍，既不能让观众了解其产生的社会历史背景，更无法形成关联性的理性认知。新博物馆学代表人物路德米拉·乔丹诺娃（Ludmilla Jordanova）指出：“博物馆参观者为了获取知识，无论他们自身是否意识到，都必须将展览中的物品具体化，将其视为‘去脉络化’（De-contexting）的普通物品，再重新认知它们，使其能够在建立记忆、联系和想象空间中发挥作用。”[4]因此，从传播策略的角度讲，博物馆展览内容设计的最主要任务就是去为这些脱离原生环境的个体展品重新构建故事“脉络”，而这些脉络就像是一条条线索，引领观众去探索历史的真相。

博物馆内容设计中的故事构建，一方面必须依赖学术研究的基础解读，另一方面还需要在残编裂简甚至尚无定论的学术信息中找到一条能够被大众所接受的传播路径。例如，泸州博物馆基本陈列对画像石棺的故事化解读，就是将学术研究和大众传播相结合的一种全新演绎方式。作为泸州博物馆镇馆之宝之一的合江三号汉代画像石棺，头部刻双阙，尾部刻托月持矩的女娲和托日持规的伏羲，左侧为坐于龙虎座上的西王母，右侧为鸟啄鱼以及四人相对的画面，中间二人执手而立，其间竖刻两行隶书“东海太守 / 良中李少君”。此石棺以丰富而质朴的画面再现了汉代社会的精神信仰以及灵魂观念，引起学术界的关注、研究，而右侧画面的人物身份和榜题解读尚有争议。石棺的发掘者谢荔认为李少君为墓主人姓名，而与其执手之人则是其妻子[5]；罗二虎认为李少君可能为当时流行的神话传说中的人物，但内容不详[6]；索德浩则通过文献考证推测李少君为汉武帝时著名方士，东海太守为西汉名臣汲黯[7]。通过对石棺研究的梳理，可见传统文物考古学侧重于对图像和榜题文字等细节的“考证”。这些研究成果固然能够为展览提供学术依据，然而从信息传播的角度讲，我们却需要思考观众是否会对单幅画像的细节考证产生兴趣？策展人最终决定舍弃传统的“考证式”解读方式，转而从思想与文化的视角进行整体上的故事脉络重构：汉代人为何要刻制这样一副石棺？四面画像之间体现了怎样的相互关系？图像背后究竟反映了一种怎样的普遍社会现象？根据王煜对汉代太一信仰的研究，在东汉时期已经形成一个以昆仑、天门、西王母为中心的升天信仰体系，修仙之人借助方士之力，从昆仑山西王母处获得升仙的资格，而后在伏羲、女娲的引领下，通往太一统领的天界，这就是汉代人追求的极乐与不朽[8]。虽然王煜的研究对象并非在泸州博物馆展陈的这副画像石棺，但其构架的汉代人的神仙信仰体系却与合江三号石棺的图像完美印证。作为升仙媒介的方士李少君，掌握升仙资格的西王母，象征天门的双阙以及天界之神伏羲、女娲等元素在石棺上逐一出现，一个汉代的升仙故事由此展开：

东汉时期，泸州合江的一位官吏醉心于修仙问道、寻求不朽之法。一日在梦中得见深受汉武帝宠信的方士李少君，服下他赐予的仙丹，前往昆仑山拜谒西王母。获得升仙资格后，飞身仙界，在伏羲、女娲的引领下见到了天帝太一。梦醒后，官吏将其似幻似真的所见所闻令工匠刻画在了石棺之上。

据此故事框架，以汉代石棺画像为创作元素，展会采用多媒体动画投影的方式将人物、场景、情节生动呈现，让观众从动起来的石棺画像中透视升仙盛行的汉代社会风气，进而走进汉代人的精神世界。

三 小结与讨论：真相还是演绎？

随着现代传播理念的不断渗入，博物馆展览信息的故事化倾向越来越明显。2016 年，首都博物馆举办的“王后·母亲·女将——纪念殷墟妇好墓考古发掘四十周年特展”以女性视角构建的故事化展览叙事方式受到广泛好评。2017 年，央视与故宫博物院等九大博物馆合作，推出《国家宝藏》电视节目，通过一个个鲜活的故事将镇馆之宝的“前世今生”呈现给观众，引起轰动效应。上述案例说明，博物馆的展示与传播正在步入“故事化”的时代，这也是社会公众认知与体验的新需求。与传统的信息阐释方法相比，故事化的信息传播方式具有以下优势：

1. 通过基于学术研究的演绎和延伸，达到“透物见人”的效果，让文物不再以单调的艺术品的姿态呈现，而是被还原为特定时代背景中生活化的文化载体。

2. 将“碎片化”的学术信息通过故事脉络的重建进行整合，引导观众从某个独特的视角窥探历史，还能对文物、图像之间的相关性产生联想。

3. 生动的人物形象、有趣的故事情节、完整的叙事线索，一改“考证式”阐释的晦涩，更适合于影片、多媒体场景、幻影成像等大众喜闻乐见的现代展陈技术应用。

尽管故事化的信息解读方式已经在信息主导型陈列中显示出其超越传统陈列形式的优势，然而策展人也必须意识到，“演绎”不能等同于“编造”，而“故事化”必须与“低俗化”划清界限。不少博物馆为了迎合市场需求而偏离其行业标准，刻意向公众熟悉或者更加世俗的内容形式倾斜等现象已经引起学界批评，甚至被讥讽为盲从于主题公园和游乐园的经营模式[9]。历史的阐释不能脱离真相，而故事的讲述又离不开演绎，这两种看似矛盾的事物必须寻求一条共存之路，才能让展览信息的传播达到最佳效果。以客观公正的学术视角和历史观去引导观众探索历史真相是展览脉络构建的基本原则，而出于情节推进需要虚构的通俗化的故事演绎则是必不可少的传播途径。从传播策略的角度来讲，这或许就是博物馆展览从信息到故事的转化过程中，“真相”与“演绎”之间的辩证关系。

注释

[1] Gary Edson and David Dean, *The Handbook for Museums*[M], London and New York, Routledge, 1994, P153.

[2] Lisa C. Roberts, quoted in James W. Volkert, Monologue to Dialogue[J], *Museum News*, Vol.70, No.2, Mar.－Apr., 1991, P46.

[3] M. Merleau–Ponty, “Indirect Language and the Voice ofSilence” [J], The Merleau－PontyAesthetics Reader, P99–100. 转引自 Didier Maleuvre, Museum Memories：History, Technology, Art[M], 1999, Stanford, California, Stanford University Press.

[4] LudmillaJordanova, Objects of Knowledge : A Historical Perspective on Museums[A], *The New Museology*[C], London : Reaktion Books Ltd, 1989, P25.

[5] 谢荔:《泸州博物馆收藏汉代画像石棺考释》,《四川文物》1999 年第 3 期，第 32 ~ 35 页。

[6] 罗二虎:《汉代画像石棺》，第 126 ~ 129 页，巴蜀书社，2002 年。

[7] 索德浩:《汉画“东海太守”与“李少君》,《考古与文物》2017 年第 1 期，第 70 ~ 77页。

[8] 王煜:《汉代太一信仰的图像考古》,《中国社会科学》2014 年第 3 期，第 181 ~ 186 页。

[9]〔美〕克里斯·布鲁斯（Chris Bruce）著，钱春霞等译:《影像与民主：作为后博物馆的体验音乐计划》,《新博物馆理论与实践讨论》，第 146、147 页，凤凰传媒集团、江苏美术出版社，2008 年。

对市（州）县级博物馆展陈设计的思考

——以四川绵阳博物馆建设为例

唐光孝　绵阳博物馆副研究员
都云昆　绵阳博物馆文博馆员

摘　要：绵阳博物馆二十年内奠基三次、建馆两个的经历，在全国博物馆建设中可能都是极少见，相应的，陈列展览内容设计过程也较为典型。本文对绵阳博物馆建设过程中陈列展览内容设计队伍的组建、展览主题的选择和形式设计的原则等方面作了系统梳理和简洁介绍，分析和总结了经验和教训，对于正在建设中的市（州）县级博物馆，特别是四川中小型博物馆陈列展览工作具有一定的借鉴意义。

关键词：绵阳；博物馆；陈列设计；体会

整整三十年跌跌撞撞的走来[1]，绵阳博物馆新馆终于在2016年12月19日“正式”对公众开放。全馆同仁，特别是经历三次奠基、两次建馆的老同志心中更是无限感慨——总算是对社会、对公众有一个交代，即使尚有诸多遗憾和不足！笔者作为绵阳博物馆建设的亲历者和主要参与者体会更深，特别是在陈列展览设计方面有诸多的教训和经验值得总结。在此，我们不揣冒昧，对多年的陈列展览工作略作梳理和总结，成败得失稍作归纳，把经验和教训奉献给大家，但愿能对市（州）县级博物馆的建设实践有所裨益。

一　设计团队的组建

市（州）县级博物馆限于专业人才的匮乏，陈列展览设计工作，包括内容和形式设计，多数是完全外包，绵阳博物馆老馆[2]以及“5.12”汶川地震后绵阳市各区市县建成的博物馆（纪念馆）陈列展览设计皆是如此。

老馆陈列内容设计分为两个阶段，第一阶段是在2000年邀请北方一所大学的专业团队作为主创。这个队伍具有系统、丰富的博物馆理论知识储备，但囿于人员年轻，缺乏实际创作经验。同时，团队里几乎都是北方人，他们没有南方特别是没有在四川的生活经历和文化背景，对绵阳的感受和认识不够深刻，撰写的方案显得较为稚嫩。因为方案缺乏地方特色，似乎放之川渝皆可行，最后无疾而终。

第二阶段的内容设计工作是在 2003 年老馆建成后启动的，设计团队以国内著名陈列展览专家、成都永陵博物馆樊一研究馆员为主，本馆专业人员协助的模式进行。经过深入考察、反复讨论，大家很快形成共识：绵阳两汉六朝和宋明时期馆藏文物丰富、底蕴深厚，平武白马藏族和北川羌族民族民俗风情独具特色，这些均可作为重点展示内容；同时，以中国工程物理研究院、中国空气动力研究与发展中心等为代表的在绵科研院所和以四川长虹、九洲电器等为代表的本土企业，近几十年来取得的科技成就是绵阳有史以来最为耀眼亮丽的篇章，也应该重点展现。

经过近两年的磨砺锤炼，我们完成了以馆藏文物为主，勾勒和展示绵阳历史文化发展脉络的基本陈列方案，即《绵阳历史文化陈列》；同时，还完成了反映绵阳地域特色的少数民族风情和绵阳现代科技成就的两个专题陈列方案，即《古文明的琥珀——绵阳民族风情陈列》和《绵阳现代科技之路》。2005 年，我们正兴致勃勃、全力以赴开展形式设计初期工作时，老馆功能即被调整为科技馆，几年付出的辛劳和心血夭折了。但聊以自慰的是，绵阳科技馆后来的陈列布展借鉴了我们当初的一些展陈理念，利用了部分设计创意。

第一轮关于绵阳博物馆建设的陈列展览的两个阶段的设计成果因故未得圆满结果，大家虽深感遗憾和失落，但也有两个方面的收获。第一，认识到内容设计人员具备系统的博物馆理论和知识储备还仅仅是基本素养，熟悉地方历史文化、了解当地风土人情、掌握文物资源状况也是硬功夫，二者缺一不可，否则难以提炼地域特色鲜明的展陈主题，撰写别具地方风格的设计方案。第二，培养锻炼了博物馆陈列展览人才队伍。通过几年扮演陈列展览内容设计方案的配角，我们专业人员在陈列展览专家的悉心指导和辛勤培养下迅速成长，逐渐掌握博物馆学的基本理论和工作方法，再结合自身的工作实践，展陈设计能力得到显著提升，搭建了一个可开展陈列内容设计工作的基础班底。

绵阳博物馆新馆建设是在 2008 年“5.12”汶川特大地震发生以后提上议事日程的。“5.12”地震给国家和人民造成了难以估量的物质和精神损失，此时各种公共设施亟需重建，绵阳博物馆亦在此列。为此，国家划拨 2 个多亿用于绵阳博物馆的灾后重建工作。2009 年 7 月，绵阳党委政府决定异地重建博物馆，第二轮绵阳博物馆建设的选址和建筑设计工作随即紧张铺开，陈列展览内容设计工作也同步推进。

为此，我们紧锣密鼓地组建了新馆陈列布展小组，负责陈列展览设计和布展工作。经过反复斟酌，团队提出了以“陈展规划为引领，学术研究为基础，自身力量为主导，专家学者为后盾”的展陈方案设计原则，组织了解绵阳地方历史、熟悉绵阳文物资源、掌握文博基础知识的本馆专业人员主笔撰写陈列方案初稿，聘请樊一先生全程指导设计工作，并负责修改、完善和最后定稿。经过两年多的辛勤劳动，两个基本陈列和五个专题陈列内容设计方案或大纲顺利完成。在2013年7月18日的评审会上，国内陈列展览专家一致认为方案编写过程科学严谨，基础工作扎实有效，撰写的文案深度细化，符合博物馆陈列布展工程的建设规律。

“5.12”汶川地震后，绵阳各区市县新建八家博物馆（纪念馆），陈列展览的内容设计大纲或方案无一例外都是邀请市外专家撰写。通过调查了解，主创人员都是省内大馆的资深专家，他们既有地方历史文化背景、通晓盆地风土人情，又有丰富的陈列展览实践经验。所以，他们对主题的选择能切中肯綮，所作方案突出了各地的特点、亮点和重点，基本达到县级博物馆展示和宣传地方特色文化需求的目的。

二　展览主题的提炼

绵阳博物馆于2009年进行的第二轮建设虽然与2005年的第一轮建设间隔不到五年，但这几年全国各类博物馆，包括非遗博物馆和民办博物馆的发展局面可以用方兴未艾、势头迅猛来形容，绵阳也是如此。此时，全市已有三种类型、十二家国有博物馆、纪念馆和科技馆，分别展示地方历史文化、红色文化、非遗文化、民族民俗和科普知识，其中综合性博物馆就有六家，而当初全市只有市博物馆一家。全国形势和市内局面发生了巨变，原来确定的展览主题显然已经过时，新馆展陈主题的重新提炼成为当务之急。为此，我们先后开展了以下几项工作。

第一，根据博物馆的性质和任务，进一步明确绵阳博物馆综合性功能定位。

绵阳博物馆自1986年建馆以来，虽一直号称地方综合性博物馆，但20多年的收藏、保护、研究和展示工作多侧重于本地历史文化，严格来讲是地方历史文化类博物馆。

绵阳博物馆的性质是公益性国有文化事业单位，承担了收藏、保护、研究和展示绵阳地域特色文化藏品的重任。我们分析，绵阳当下已有两家反映绵阳科技成就和科普知识的科技馆，一家民族民俗博物馆，尚无收藏和展示本地自然风貌、生态资源与独特标本的机构，如果将绵阳自然生态部分纳入绵阳博物馆的收藏、研究和展示体系，不仅可以丰富本馆的藏品系列，举办多样的陈列展览，还可让绵阳博物馆的综合性定位实至名归。因此，在征求各方意见后，我们决定绵阳博物馆以后的收藏方向要涵盖反映绵阳人文精神和自然生态的藏品及绵阳科技、工业和民族民俗等方面，征集具有典型意义的藏品，逐渐形成多个系列，为博物馆将来的发展储备藏品和特色展览，建设名副其实的地方综合性博物馆。

第二，调研社会需求和观众兴趣，明确提出陈列主题的选择和提炼必须“突出观众需求”的原则。

这几年我们考察了国内数十家大大小小的博物馆、科技馆和自然馆，发现大部分文物类博物馆虽然门票收费低，有的当时已经不收费，但多数时间也是门可罗雀，观众寥寥无几，展厅空空落落；而自然馆和多数体验式科技馆门前则是车水马龙，馆内人流如潮，深受观众特别是学生群体的追捧和热爱。对比之强烈，让人心惊！

通过不同渠道和方法对观众特别是中小学生群体的调查，我们发现：一般观众对文物陈列的兴趣，更多是对考古发掘和出土文物的一种神秘的猎奇心理，但陈列展览中能满足这种心理需求的文物非常有限，特别是市（州）县级的中小博物馆中具有视觉冲击力的文物更少，非专业人士又很难看出所以然。简而言之，文物陈列显得高大上，距离普通人的日常生活、工作或学习很遥远，对普通人而言缺乏吸引力。而对于自然和科普知识陈列，中小学老师和受访的同学认为与学校的教学任务、或与身处的生态环境紧密相连，不少内容是书本知识的扩展和延伸，感觉真实、熟悉和亲切，易于接受与理解。为此，我们把社会的需求和观众的兴趣设定为陈列选题的第一原则。

第三，考察和研究当时全国同类博物馆陈列布展内容的设置特点，紧跟时代发展步伐，把“突出地域文化特色”作为选择陈列主题的又一原则。

为了做好陈列展览内容设计工作，了解全国博物馆发展最新动态，学习陈列展览新理念、新方法，设计组人员在规划新馆陈列体系的过程中，先后分头考察了北京、河南、陕西、山东、安徽、上海、浙江、云南、广东和重庆等省（市）的博物馆，重点调研与绵阳情况类似的博物馆的陈列布展内容设置情况。

情况汇总后，我们发现当时较有影响的地市级博物馆基本陈列有两个显著特点，一是重点反映地方历史文化发展脉络，二是重点突出重要历史阶段的特色历史文化。这为我们布局、规划新馆历史文物陈列指明了开拓路径。由此，我们提出了把突出地方特色文化作为内容设计工作的第二原则。

第四，梳理绵阳文物资源状况和特点，深入研究绵阳历史文化背景，考量市内其它展馆陈列主题和内容，探寻新题材，拟定本地文化与本馆藏品“突出重点和亮点”的第三原则。

根据新馆陈列展览规划，展示绵阳文物和历史是新馆陈列展览的重点内容。为此，新馆在建设之初就开始全面梳理绵阳的文物资源状况。通过对文物家底分时代、分类别的详细盘点，我们发现绵阳文物的不足和优势各有两个特点。不足方面，一是文物的历史断层很大，即石器时代遗址和标本、隋唐时期文物都极少而且乏善可陈，夏商周三代、民国时期至今的红色文物和自然标本几乎都是空白。二是馆藏文物总量虽有近三万件，但大部分集中在两汉、六朝和宋明时期，以陶瓷器和钱币为主，种类较为单一，大型器物和精美文物很少，与四川盆地其它市县相比大同小异，地方特色不是特别突出。优势方面，一是汉马和摇钱树数量多、价值高，全国罕见；崖墓作为绵阳数量最大、出土文物最多、雕刻精美的古代遗存，具有重大的历史、科学和艺术价值，在四川两汉、六朝考古中占有重要地位，在全国也具有一定影响力。此时，双包山西汉墓百余件漆木马和伴出的其它漆木器脱水定型工作开展顺利，新馆陈列展览毫无问题；摇钱树经过多年资料收集和研究，对其内涵、价值和意义都有了较为深刻的认识，完全可以为新馆陈列展览提供理论基础。二是绵阳不可移动文物中的古建筑，诸如汉阙、江油飞天藏、梓潼大庙和平武报恩寺等，因其时代很早、规模较大、延续时间长和蕴涵的重大文物价值，在四川乃至全国都占有一席之地。

以文物为主的陈列展览当有其相应的历史文化背景，对绵阳历史文化的学习、研究也是开展陈列设计的基本要求。因此，设计人员又开始反复研究《绵阳简史》，查阅各类地方志书，收集各方素材，拜访、请教省内外考古、历史、方志、民族和民俗专家，探讨绵阳地方历史文化的亮点与重点，寻找文物与历史背景的契合点。同时，绵阳的历史发展进程是四川历史的组成部分，而且地处成都北上中央王朝最为重要的蜀道——金牛道的节点上，所以，绵阳历史文化展示的内容，当置于四川历史的大背景之下思考和判断。2009年和2010年，恰逢新版《四川通史》和《成都通史》先后公开出版，为我们探寻大背景下的绵阳历史文化特色提供了便利。经过多番研究和专家论证，我们一致认为绵阳在四川古代交通、手工业、医学、建筑、文学和艺术等方面曾经创造出灿烂辉煌的成就，并影响至今，这是绵阳历史文化的重点和亮点。

考察、收集和研究市内各类陈列展览情况，寻找新的展览主题的任务与新馆展陈规划同步进行。以前梳理、提炼的绵阳白马藏族和羌族民族风情特色主题陈列，已经分别在平武和北川两县实施；在市科技馆、中国工程物理研究院、中国空气动力研究与发展中心、中国燃气涡轮研究院和四川长虹等单位，分别建有专业或专门的科技成就和科普知识展览。各县市博物馆利用自身文物资源，正在建设县级综合性博物馆，展示和宣传地方历史文化；绵阳南山公园烈士陵园纪念馆，三个县市红军文化陈列馆均有红色文物专题展览。通过对这些情况的综合分析和考量，对于选择和提炼地域特色鲜明、科普性强的陈列主题，我们认为要尽可能避免与市内其它展馆发生依样画瓢的同质现象，必须独辟蹊径，寻找新颖题材。这时，绵阳自然生态的选题闯进了我们的视野。

当时，绵阳个别区县的综合性博物馆的展览对本地的自然生态已有展示，但都一鳞半爪，且以图片和文字为主，并没有全面、系统、完整地展示绵阳自然生态的科普馆或科普陈列，甚至整个四川省都还没有这类展览展馆。据绵阳国土资料记载和专家介绍，面积2万多平方公里的绵阳地处青藏高原东缘，地势西北高、东南低，相对高差超过5000米，具有明显的山地、丘陵和平原三级地理阶梯特点，称得上是中国地貌的典型样本。再者，因大自然的鬼斧神工，塑造出千姿百态的地貌单元，孕育了琳琅满目的生物种群，绵阳不仅自然风光美不胜收，而且还是长江水源涵养地与国家生物基因库，是祖国西部重要的生态屏障。因此，自然生态和陈列布展专家一致认为，在绵阳博物馆向观众，尤其是少年儿童展示绵阳地质地貌以及生态环境，传授探索自然奥秘的科学方法，揭示人与自然的和谐关系非常必要，也将是绵阳乃至四川的首个自然生态陈列，具有开创性意义。

另外，绵阳是“5.12”汶川特大地震极重灾区，灾难之深重、影响之巨大史无前例，绵阳博物馆作为地方综合性博物馆对于铭记和表现这段历史应有义不容辞的责任！但鉴于北川县保留了灾难现场遗址和建有全面反映地震情况的纪念馆，所以绵阳博物馆的地震主题展览就应切忌重复，须另觅蹊径。经过认真思考和多方权衡，我们初步认为以书画作品的形式来纪念和表现地震给四川和绵阳带来的灾难、重建与发展之路较为合适。

经过全面梳理、综合分析和科学研判，在2010年初，我们规划了博物馆新馆的历史、文物、“5.12”地震、非遗和自然生态的陈展体系，提炼了两个基本陈列主题，即《绵阳历史文化陈列》和《绵阳自然生态陈列》[3]，五个专题陈列主题，即《绵阳非遗陈列》[4]《绵阳摇钱树陈列》《绵阳汉马陈列》《绵阳崖墓陈列》和《“5.12”地震油画展》，综合展示绵阳的人文精神和自然生态。

为了加强博物馆陈列展览中的互动和体验性，我们随后增加了《汉代生活体验馆》，设置了汉代建筑积木与钓鱼游戏等互动内容，增加了饮食生活、文房学习、家居衣饰与迎送礼仪等体验项目，进一步强化了《绵阳自然生态陈列》中儿童参与互动的环节和内容，拟在新馆安排相应的建筑空间与陈列展览一并实施。

三　形式设计的原则

从2011年9月至2013年初夏，新馆两个基本陈列和五个专题陈列方案或大纲先后完成，包括樊一先生的修改、完善和最后的总撰环节也都顺利收官。在2013年7月18日的内容设计方案终评会上，来自北京大学、四川大学、浙江自然博物馆，以及省市其它有关高校、博物馆和地方文化研究机构的考古、博物馆、历史、方志、民俗、艺术、自然与生物等方面的专家认为，“方案定位准确，选题依据充分，内容特色鲜明，具有较高的学术和文化含量，符合绵阳博物馆的性质和任务，较好地反映了绵阳历史文化和自然生态的特点，彰显了地域特色和馆藏文物特色，特别是汉马陈列与摇钱树陈列在全国博物馆展陈内涵与形式表达方面具有创新性和引领性”；“方案结构合理，内容充实，表达手段丰富多样，具有科学性、知识性、趣味性和可操作性，为陈列布展的形式设计工作打下了良好基础”[5]。显然，在内容设计这一基础环节，我们取得了令人欣喜的成果，实现了陈列布展规划的首要目标。

我们知道，内容设计、形式设计和装修布展是博物馆陈列展览工程的三个递进式步骤。内容设计和形式设计又合称陈列设计，前者是基础，是对展陈主题和对象进行梳理、分析、研究，并形成文案的一种科研活动；后者是深化，故形式设计往往又叫深化设计，是根据陈列主题、对象和特定空间，运用形象思维与艺术表现的形式对陈列对象进行取舍、补充和组合，将内容设计方案中的文字描述转化为可视的直观形象，是一种既要遵循一般的艺术创作规律，又要符合博物馆陈列艺术设计的特殊规律的艺术创作活动。相对于布展装修来说，它又是一个基础的步骤。

当时，绵阳博物馆专业人员还没有独自开展过形式设计的具体工作，缺乏实战经验，故在陈列布展规划中只是对形式设计阐述了原则性的表达理念和要求。在每个陈列主题的总体设计说明中，根据源自展览对象表达内涵的需要，对陈列艺术形式表现涉及的空间划分、整体风格和环境氛围，以及色彩、照明、手段、目标和效果等方面提出了方向性的设计思路。同时声明，有关展览形式艺术方面的构想，均为初步考虑，非硬性规定，仅供设计师参考，鼓励更好的创意。在深化设计过程中，内容和形式设计人员不断交流，相互碰撞，让我们对深化设计的思路有了更加具体和清晰的认识，在表现手段和方法等方面提出了更加丰富和更具操作性的表达方式。归纳起来，大致有以下五个指导形式设计的基本原则或具体思路：

第一，形式设计总体上要严格遵循博物馆陈列设计的科学规律，准确理解陈列主题与具体内容，生动、鲜明地表达陈列对象的深刻内涵和艺术价值，实现学术性、思想性、科学性和艺术性的高度统一。同时，善于借鉴，勇于创新，科学组织展品和相关内容，赋予恰如其分的陈列地位，发掘具有绵阳地域风格的艺术气质，创造富有强烈艺术感染力的表现形式。

第二，在风格的把握上，自然生态陈列生动活泼，文物展示寓教于乐，强化科普性，增加趣味性，吸引青少年。现代新科技和新设备，如场景还原、全息成像、投影电影、多媒体触摸屏和电子设备等，是让文物和展览活起来且不断激发游客参观兴趣的互动体验新手段，在21世纪初的博物馆展览中必不可少。但我们也要充分考虑投资预算和运营成本，量力而行，适度慎用。

第三，装修材料节能环保，装饰风格简洁明快；照明设计亮度宜人、节奏合理；参观环境雅致清新，氛围舒适，避免部分文物陈列让人有惊悚，甚至恐惧感[6]，力求达到既能保证观众和工作人员的身心健康，让人有轻松愉悦之感，又能充分突出和有效保护陈列展示的主体对象。

第四，科学、合理安排投资较大，仅能一次性展示的艺术创作品、复制品或仿制品的规模和数量。必要的文物复仿制品，如摇钱树、漆木马、崖墓雕刻以及各种古建筑模型等，力争采用原材料与传统工艺制作；雕塑、美术和书法等艺术创意展品，尽可能利用可长期和反复使用的材料和技法创作。这样的艺术作品和复仿制品，不仅能保证和提升展览的效果和品质，而且在将来又是博物馆的珍贵藏品。

第五，对于陈列展览中必须创作的艺术作品，建议多考虑熟悉绵阳历史、文化和地域风情并具有一定影响力的省内和本地艺术家领衔实施，让作品更能深刻、准确地表达地方文化特点，更好地彰显地域文化的独特魅力。

四 体会与思考

绵阳博物馆新馆工程建设从2009年开始，到2016年建成开放历时七年之久。由于时间跨度长，其间国家新政、人员理念、资金安排和市场需求等因素不断发生细微调整或局部变化，同时考古发现和学术研究新成果不断出现，我们据此对陈列规划中的空间布局和展览内容作了相应微调，暂时取消《“5.12”地震油画展》和《汉代生活体验馆》，减少体验项目和互动环节，最终实施了绵阳历史文化、自然生态与绵阳非遗文化、摇钱树、汉马和崖墓五个展览，在2016年12月19日“正式”对公众开放。

在2000年至2016年的两次建馆，特别是新馆陈列布展过程中，我们经历了诸多曲折和波澜，作为亲历者和参与者有不少感慨和体会。这一年来，我们对此多有思考和反省，现择其要者简述于后。

第一，绵阳博物馆陈列布展工程历时17年，两波数折，但培养和锻炼了一支能独立开展陈列展览的队伍，算是失之东隅收之桑榆。前面介绍和分析了我们第一轮博物馆建设无疾而终的情况，但也正是这次经历让我们锤炼出一个陈列展览内容设计的基础班底。

第二轮博物馆建设的深化设计环节上，由于一些主客观原因，导致一家缺乏博物馆文物陈列实践经验的公司中标[7]。在形式设计和布展施工过程中，我们陈列布展小组人员分别亲自参与设计、施工和布展等环节，逼迫自己边学习、边参与。在经验丰富的顾问赵春贵先生指导下，我们的工作团队学习、掌握了形式设计和布展装修的基本理论，了解、熟悉了陈列布展工程的各个关键点和重要步骤。2016 年 9 月到 2017 年 8 月开馆一年以来，绵阳博物馆举办的七个临展都是自己团队完成的内容设计、形式设计和陈列布展等系列工作，特别是《贞观遗珍、初唐气象——唐昭陵精品文物展》和《百工诸慧——绵阳市第一次全国可移动文物成果展》深受业界好评，不少领导和专家甚至认为《贞观遗珍、初唐气象——唐昭陵精品文物展》的设计水平胜过常设展览。

第二，作为市（州）县级中小博物馆，多媒体、全息成像等高新技术与设备，场景复原、艺术创作等表现形式，是增加陈列展览知识和信息容量，强化生动、形象、活泼的表达手段，必不可少，但需谨慎规划，合理选用。

我们知道，这些表现手法和设备先期投入相对较大，日常的运营和维护成本较高，且需专业技术人员管理，否则，即使配置也仅仅是个摆设。还有，现代高新技术发展变化非常快，今天或许可以称为先进理念或高新技术，很有可能一年后就落伍，两载后就该被淘汰。所以，经费困窘、编制短缺与人才匮乏的中小型博物馆要谨慎选择这些技术和手段，建议采取少而优、优能用的原则确定多媒体项目。

第三，必要的辅助展品，如文物复制品、仿制品尽可能采用原材料和传统技术与工艺流程复仿制，创意艺术作品尽可能采取耐久材料和传统技艺创作。虽然眼前看似经费投入偏高，但它更能保证展览的效果和质量，又可作为博物馆藏品在未来的展览中重复使用。这是我们在新馆建设中特别倡导的一种理念。

绵阳博物馆新馆陈列展览中复制的汉阙和崖墓雕刻都是利用本地石材，汉代漆木马利用的是同墓出土的木椁板和本地土漆，汉代摇钱树复制品树身青铜铸造、树座泥土烧造，吉祥摇钱树仿制品和李白邀明月创意雕塑都是青铜锻铸，等等。这些辅助展品的材质都得到保证，但制作技艺尚有欠缺，离我们的期望值还是有一定差距。

第四，形式设计，包括施工设计深度极尽细枝末节，专业论证务必充分，否则会留下诸多不足和无限遗憾。

绵阳博物馆陈列展览内容设计工作是在经验丰富的专家指导下，由具有相应经历的专业人员主创，创作周期又较长，故方案非常细致详实。在形式设计和布展施工招标环节，由于出现意料之外的情况，耽误了整整半年时间。招标后，中标单位组建的布展团队力量较弱，缺乏经验，深化设计工作进度较为缓慢，占用时间较多，而设计效果不甚理想。

为能预期对公众开放，在形式设计深度略带概念性，施工设计细节尚未完全创作到位，设计成果未作全面深入讨论的情况下，布展装修队伍就进场开始作业。经过 4 个多月的突击装修和艰苦布展，终于基本按照计划在 2016 年 7 月 10 日对社会试开放。虽然如期开馆运营，但其中的缺陷和不足众多，随后开始不断补充、整改和提升。至今，依然还在完善之中。

博物馆建设是一项多学科结合与关系错综复杂的系统工程，有其特殊的规律性。因此，建设周期比普通工程长，容易受到各种主客观因素的影响或干扰，最终成果难以实现预期目标和达到期望值在所难免，绵阳博物馆的建设就是如此。近期整理、翻阅本馆陈列展览的各种材料，坎坷曲折的建设过程依然历历在目，心生万端感慨，故草成此文。

谨以此献给为绵阳博物馆建设作出贡献的前辈、曾经及现在的同仁！

注释

[1] 绵阳博物馆成立于1986年，至2016年已有三十年。

[2] 绵阳博物馆老馆指 1999 年始建、2003 年完工、位于绵阳汉阙的博物馆，2005 年改称绵阳科技馆，重点展示绵阳现代科技成就和相关科普知识。

[3] 2005 年调整绵阳博物馆功能为科技馆时，科技陈列文本尚未完全定稿，“绵阳现代科技之路”标题是作者后拟。

[4] 绵阳博物馆新馆陈列布展顾问、中国博物馆协会陈列艺术委员会原主任、天津博物馆研究馆员赵春贵曾说，很少见到陈列展览内容设计达到这种深度和细致的方案。

[5] 引用 2013 年 7 月 18 日的绵阳博物馆陈列布展内容设计方案终评会上的“专家评审意见”。

[6]《绵阳历史文化陈列》和《绵阳崖墓陈列》方案中均有数具汉代木棺、石棺、砖棺和陶棺的设计内容。对于棺材，国人一般都有忌讳心理，故有此说。

[7] 2015 年 4 月 1 日，绵阳博物馆陈列布展工程招标确定中标候选人后，随后我们对第一中标候选人进行考察。当时，专门询问了是否有博物馆文物陈列布展实例，候选单位负责人明确答复没有，仅有自然陈列方面的范例。

三峡文物保护成果

郝国胜 中国国家博物馆研究馆员

三峡文物保护是为三峡水利枢纽工程建设而进行的文物保护工程，经过20年保护历程，千余处文物得到了有效保护，这是建国以来我国规模最大的文物保护工程。

三峡文物保护经历了规划和实施两个阶段。在两个阶段中，规划阶段奠定了实施阶段的基础，实施阶段实现了规划的预期，两个阶段均以保护三峡文物为己任，并取得了重大成果。

一 规划阶段保护成果

（一）“先规划，后实施”的管理模式

三峡文物保护最亮点之处是采用了“先规划，后实施”的管理模式，也就是先对保护区域的文物进行规划，再按规划的内容实施。这是符合科学发展的管理模式，其优势是以发展的角度提前将保护工作的内容进行了周密的设定。

在三峡文物保护之前，“先规划，后实施”的模式还没有在我国文物保护工作中普遍运用，这是因为我国的文物保护一直遵循“抢救第一，保护为主”的方针，对于文物，特别是地下文物一般不采取主动发掘，除对裸露、损坏或人为破坏的文物进行抢救性保护外，也对基本建设中不能避开的文物进行保护。但在20世纪90年代之前，由于国力所限，基本建设规模都相对较小，所涉及的文物也不是很广泛，如涉及有文物，也多以立项的形式保护。系统地进行规划，再按规划内容进行实施的保护模式还没有先例。

三峡文物保护就不同了，它是为配合三峡水利枢纽工程的建设而形成的文物保护工程。三峡水利枢纽工程是世界上规模最大的水利工程，除进行三峡大坝的建设外，还要建成浩大的三峡水库，22个县区（规划阶段将万州区划分为3个区，下同）的632公里的沿江区域均是水库的蓄水区，也就是淹没区。移民、环保、地质、道路、交通以及文物保护等都是水库建设的基本内容，要完成如此庞大的建设任务，建立一套科学有序的管理模式非常必要。“先规划，后实施”就是在这一背景下，由国务院三峡建委办公室根据三峡工程建设的需要制定出

的管理模式，应用于包括三峡文物保护等各项三项建设项目。就文物保护而言，“先规划，后实施”的模式是首次运用在我国的文物保护中，它对文物起着积极的保护作用，特别是对三峡文物保护更具积极意义。

第一，按照三峡工程的建设目标，坝区上游的区域将形成1084平方公里的三峡水库，延绵632公里的22个县区的沿江区域均是淹没区。对如此大范围的文物进行保护，没有周密的先期规划，很容易出现无序的局面。

第二，有着绮丽风光的三峡地区，作为沟通南北、连接东西的文化孔道，保留有大量自远古以来的文化遗存。这些不可再生的珍贵遗存，蕴含着贯穿中国各个历史发展阶段的古代元素和浓郁的地方文化元素，它们是不可多得的文化瑰宝。对于这些文化瑰宝，提前制定规划是最有效地保护方式。

第三，由于长期实行的被动型保护策略，也由于三峡地区的交通不畅和经济落后等原因，使三峡地区的文物长期处于封闭和不明朗状况，特别是地下文物未知系数更高，这就需要在保护之前探明文物“家底”，明确保护对象。

第四，“既对基本建设有利，又对文物保护有利”的双利方针，是我国为配合基本建设进行文物保护的一贯方针，它要求文物保护和建设部门要统筹兼顾，不能顾此失彼。因此，提前制定与工程进度相符的保护规划，是对基本建设和文物保护都有利的基础工作。

第五，在三峡文物保护初期，人们对文物保护重要性的认识还停留在较低的水平上，还没有充分体会文物不可再生的深层含义。这就需要在文物保护观念的提升上，有一个循序渐进和实际体验的过程。规划先行的阶段正是宣传《文物保护法》、提高文物保护意识的最佳时期。在此阶段可依据已探明的文物，阐述不可再生的文物属性，强调保护工作的重要性，以引起职能部门的重视。这是非常重要的内容，如果将滞后的保护观念留在实施阶段解决，将影响保护工作的进程，文物的安全系数也将大大降低。实践证明，规划阶段出现的文物保护观念大讨论，解决了意识形态上的认识问题，一些对文物保护不利的观念得到了一定程度的纠正，一些对文物保护有利的政策得到了初步确立。

总之，“先规划，后实施”管理模式的应用，不仅是将三峡工程的管理模式运用在了文物保护中，更重要的是建立了一个科学有序的保护平台。这个平台既有发展的预期性，又有解决问题的时效性，使繁缛复杂的保护工程变成了井然有序的程序工程。

（二）规划成果

规划成果主要体现在《长江三峡工程淹没和迁建区文物古迹保护规划报告》（以下简称《三峡文物保护规划》）中，该报告总计32册280余万字，包括总报告、分省报告、分县报告、《三峡工程库区地面文物保护规划经费概算细则》（以下简称《概算细则》）和《〈长江三峡工

程淹没及迁建区文物古迹保护规划〉有关内容的修订与补充》(以下简称《修订与补充》)等部分。主要内容如下:

第一,探明了三峡淹没和迁建区的文物“家底”。

《三峡文物保护规划》探明了1282处文物和文物点,其中地下文物829处,地面文物453处。经评审核查,确定了包括地下723处、地面364处的文物和文物点的保护对象,比规划之前获知的文物数量多了近十倍。文物“家底”的探明,填补了三峡淹没和迁建区文物总量不确定的空白,确定了三峡文物的基本保护对象。

第二,《三峡文物保护规划》对淹没和迁建区文物进行了科学的价值评估和保护措施分类。

《三峡文物保护规划》对已探明的文物价值进行了科学的剖析和评估,特别是对一些具有填补学科空白和重大历史佐证的文物予以了重点剖析。

第三,制定了与工程进度相符的文物保护规划。

《三峡文物保护规划》根据三峡工程建设进度的要求,依据文物所对高程、发掘面积、耗费时间等的具体实物指标,制定了与蓄水计划相符的保护规划,包括:具体的保护方案和完成时间、各年度的投资计划以及人员投入计划等。

第四,对文物保护经费进行了概算和分期投资的计划分割。

三峡库区文物保护经费的确定,遵循了调研—规划—测算—论证—核定—审批的程序,这是一套较为科学的管理程序。最初,在没有摸清文物状况的情况下,文物保护经费被暂定在3亿元以内。后经过调研和科学核算,文物保护经费大大超过了3亿元的框架,其增加的部分主要来自新发现的文物。

第五,对国家重点保护项目制定了专项保护规划。

白鹤梁水文题刻、张桓侯庙、石宝寨(彩版一)3处文物点地处淹没区,系全国重点文物保护单位。它们历史悠久,规模宏大,保存完好,具有特殊的历史、文化和艺术价值。对这3处文物点的保护,规划组根据实际情况,以发展的长远观念,分别进行了专项规划,制定了兴建水下博物馆、整体搬迁、原地保护的方案意向。

第六,制订了《三峡工程库区地面文物保护规划经费概算细则》。

在对三峡文物保护规划的编制过程中,对地下文物保护的经费核算可依据已有的定额标准,对地面文物保护经费的测算则缺乏适用的核算依据。为此,规划组约请了资深古建和文物专家,就文物的属性和三峡地区的特殊性,编制了《概算细则》。该细则的制订,填补了我国地面文物保护缺少经费核算依据的空白,为进一步规范全国地面文物保护经费的计算标准、出台适合我国地面文物保护经费的概算依据奠定了基础。

第七,编制了民族民俗文物保护规划。

当时,人们对于民族民俗文物的认

识还没有形成文物的概念，更没有形成保护意识。规划组立足于与其它有形文物具有同等保护意义的发展思路，制定了三峡民族民俗文物保护规划，这是我国第一部对民族民俗文物制定的专项保护规划，具有很高的前瞻性和预期性。如今，民族民俗文物已被冠名为非物质文化遗产，得到了与物质文化遗产相同的保护地位。

第八，制定了博物馆建设的发展规划。

规划组从促进三峡文化事业发展的角度，将文物再利用的问题进行了预期规划，规划出以重庆三峡博物馆为核心的、以发展三峡库区博物馆建设为覆盖的博物馆建设规划，这项规划对三峡文化事业的发展具有巨大的促进和启示作用。

第九，编制了《修订与补充》文本。

1998年，规划组根据专家论证会意见，对《三峡文物保护规划》做出了相应的修订与补充，形成了《〈长江三峡工程淹没及迁建区文物古迹保护规划〉有关内容的修订与补充》，反映了尊重客观，与时俱进，一切从实际出发的科学态度。

（三）《三峡文物保护规划》的意义

《三峡文物保护规划》是基于大规模文物普查的成果，在众多知名专家学者的参与下集体完成。尊重科学、力求实际是制定规划的总原则，妥善保护好文物、将文物损失降到最低限度是规划的发展目标，一些创新思想和改革思路也都蕴涵在了规划之中。

详实的文物调查，填补了三峡淹没和迁建区文物总量和文物状况不确定的空白；可行的保护意向，基本达到了“最大程度地抢救，力争把损失减少到最小”的目标；合理的经费概算和投资计划，确保了将有限的资金发挥出最大的效益；众多科研机构的参与，开创了我国多学科相结合的文物保护规划先河；文物工作者的齐心努力，提高了文物工作者的业务水平和素质，使一大批专家学者脱颖而出，为实施阶段的顺利进行奠定了人才基础；成功的规划之举，为我国文物保护积累了可借鉴的经验。

《三峡文物保护规划》是我国规模最大、涉及范围最广、参与人数最多的文物保护规划，反映了我国文物保护的方针、政策、理念，体现了现阶段我国文物保护的总体水平。

二　实施阶段保护成果

在国务院三峡建委办公室和国家文物局的领导下，经过200余家文物保护研究机构和大专院校的数千名文物工作者的努力，1128处文物点得到了有效保护，比批准的1087处规划任务多完成了41处。在地下文物保护中，764处文物点得到了不同方式的保护，出土文物达25万余件（套），较珍贵文物6万余件（套）。在地面文物保护中，364处文物得到了妥善保护。以下为此次取得的五大成果。

（一）具有开拓创新意义的文物保护管理体系

在实施阶段中，三峡文物保护实行了“中央统一领导，分省负责，县为基础”的管理体制，出台了三峡工程淹没及迁建区文物保护管理办法，制定了三峡工程库区文物古迹保护工作管理规章制度，制定了文物古迹保护工作分水位、分阶段、“倒计时”的计划，从政策和制度上对三峡库区文物保护的进度、质量、资金使用、验收、技术、档案资料等进行了规范管理。

在具体实施中，采取了项目法人制、工程招投标制、项目合同制、工程监理制和质量终身责任制以及竣工验收、财务审计等制度，实行了综合监理，使三峡文物保护工程步入了规范化、制度化的管理模式，保证了三峡文物保护工程在可控范围内运行。

实施中的管理措施，是一种建立在责任与制度、监理与验收、规范与透明下的管理体系。它将繁缛分散的保护工作纳入到了规范的程序中，营造了可控、可视的健康环境。实践证明，在三峡文物保护实施中应用的管理模式，有利于三峡文物保护，有利于保护资金的规范管理。

（二）多学科的共同参与和协作

在三峡文物保护中，多学科的共同参与和协作提高了文物保护工作的效率与质量，确保了三峡文物保护工作的顺利进行。这些学科包括：考古学、建筑学、民族学以及水下考古、航空考古、地质勘探、地理测绘、生命科学、现代医学等。采用了高科技的技术和手段，将物理勘探、电子测绘、质子激发X光技术、DNA技术、地层提取技术、水下考古勘探、遥感考古、环境测绘、地形地貌测探、碳十四测年法、原子吸收光谱、原子发射光谱、X射线荧光光谱、红外照相技术、孢粉分析法等现代科学技术和方法应用在了三峡文物保护中。广泛使用了各种地球化学代用指标，将电探C T、探地雷达和重力筛分仪和光透视粒度分析仪等先进仪器应用在了考古勘探和考古发掘中。

（三）初步构建了完整的三峡文化历史序列

在对文物保护的具体措施上，根据各文物点的不同特点，工作团队有重点地对高家镇、烟墩堡等60余处旧石器遗址进行了发掘，建立了10万年以来旧石器文化的年代框架，填补了三峡地区旧石器时代文化遗存的空白；发现了哨棚嘴、魏家梁子等文化遗存，将瞿塘峡以西地区新石器文化的年代推至距今七千年以前，填补了渝东地区新石器时代文化的空白；通过对巴人遗址、墓地的发掘，了解了从功能布局到建筑、冶金、盐业、窑业等多方面的历史信息，打开了研究巴人历史文化的神秘之门；通过对其他大量遗址、墓地的发掘，极大地丰富了自夏商周以来三峡库区的考古发现，排列出了完整的三峡文化序列，为研究三峡地区的文化发展、文明进程、环境变迁、社会状况的演变积累了大量实物资料。

（四）出土了大量珍贵文物

在对地下文物的保护中，完成了对10万年前旧石器时代中晚期的井水湾、冉家路口、烟墩堡等遗址的发掘；完成了距今8000~4000年的新石器时期的巴东楠木园遗址、秭归柳林溪遗址、奉节老官庙遗址、丰都玉溪遗址、玉溪坪遗址、忠县哨棚嘴遗址、中坝遗址、巫山魏家子遗址等的发掘；出土了大量珍贵文物（彩版三、五、六），其中在柳林溪遗址出土了距今7000~6000年的石雕人像，在秭归朝天嘴遗址出土了距今7800~6900年的小口罐，在中堡岛遗址出土了石环、玉璜等，它们都具有极高的文物研究价值。

在以考古学为核心的地下文物保护中，对巫山双堰塘、云阳李家坝、开县余家坝、万州中坝子、忠县甘井沟、涪陵小田溪等多处遗址和墓地进行了发掘，许多有关巴人和巴文化的疑团得到了解决。

在对秦汉、六朝、唐、宋、元、明、清时期的遗址和墓地的发掘中，出土了大量有价值的文物，如小么姑沱遗址出土的六朝时期的石羊、中堡岛遗址出土的宋代瓷器等，都具有较高的文物价值。

在对巴东旧县坪遗址的发掘中，清理出宋代的官府区、居民区、宗庙区和墓葬区的遗迹，这是我国第一个揭示宋代县城全面貌的遗址，被列入了2002年全国十大考古新发现名录。

在出土的25万余件（套）文物中，一些文物除具有一定的研究价值外，还具有极高的观赏和艺术价值。如：奉节出土的新石器时期的磨制钻孔石铲，反映了距今约5000年峡江地区新石器时代娴熟的石器加工技术忠县乌杨镇出土的汉魏时期的乌杨石阙，是目前我国唯一一件通过考古发掘出土的石阙。商代的三羊尊（图一），战国时期的鸟形尊（彩版四）、虎纽錞于、蟠螭纹提梁壶等均为古代青铜器中的精品。涪陵出土的战国玉觿，是一件非常精美的古代玉器。开县出土的南宋粉青凤耳瓶，器型完整，釉色纯正润泽，是我国南宋中期青瓷的代表作。云阳旧县坪遗址出土的汉代景云石碑（图二）是十分珍贵的文物，在存世不多的汉代石碑中，有碑文的非常少见，而该石碑有隶书碑文达367字，是已发现文字最多、最清晰的汉碑之一。雁形尊系西汉青铜器，出土于巫山，其精美的艺术造型反映了峡江地区精湛的

图一　商代三羊铜尊

青铜铸造水平。

大量遗址、遗迹、墓地的发现和发掘，大量文物的出土，极大地丰富了三峡文化，使三峡文化的底蕴更加浓重。

（五）对一些重要文物进行了重点保护，对一批古民居和古建筑进行了集中复建

白鹤梁水文题刻、张桓侯庙、石宝寨是三峡地区最著名的文物古迹，也是三峡地区最早被国务院公布为全国重点文物保护单位的文物点，它们地处三峡水库淹没区，是重点保护对象。

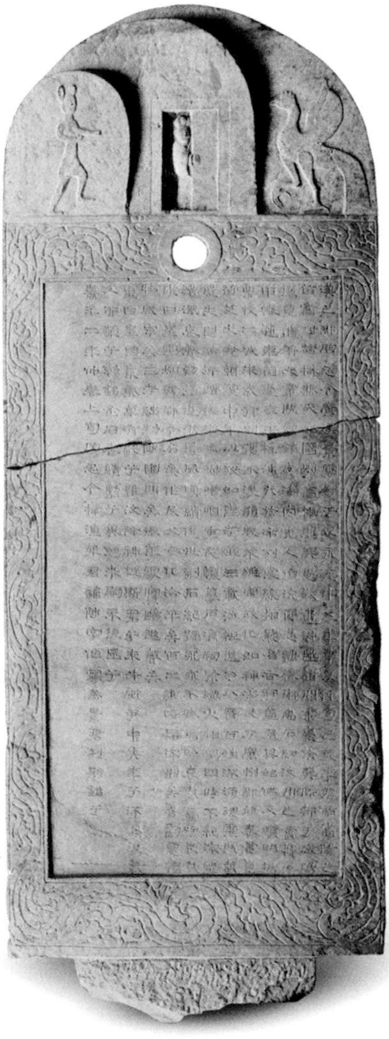

图二　汉代景云碑

对于白鹤梁水文题刻的保护采取了兴建“水下博物馆”方案，该方案以科学的方法将水的压力释放，形成无水压型“水下博物馆”。这是一套在技术和保护理念等方面都领先于世界的保护方案，是目前世界上唯一一座水下博物馆，观众可在数十米的水下近距离地观赏水中的石刻艺术。

张桓侯庙是典型的寺庙型古建筑，古朴的楼、亭、阁、殿、廊等主体建筑被原样搬迁，搬迁后的建筑体例和格局几乎没有改变，自然环境也基本选择在与原环境相似的地域。

仰墙护坡是经众多专家多次论证后确立的石宝寨保护方案（彩版二），仰墙是将水拦住，护坡则是预防水对山体基岩的冲刷淘蚀。这是一套科学的保护方案，保证了石宝寨文物的安全。

屈原祠是为纪念屈原兴建的祠宇，在对其保护中，工作组采取了仿古新建方案兴建了规模宏大的屈原祠，成为了我国纪念屈原的最大纪念场所。

在对瞿塘峡壁题刻的保护中，工作组采取了加固、钢网护罩处理和抬高复建等措施对其进行保护。

位于巫山县的大昌镇是一座保存完好、生活气息浓郁的古镇，为使这一古镇永久保存，工作组采取了整体搬迁的方式，搬迁后的古镇基本保持了原建筑体例和街景风貌。

在秭归、巴东、兴山、巫山、奉节、

云阳、丰都、忠县等区县，兴建了文物保护复建区，一些富有地方特色的古民居、古建筑、古寺庙、古桥梁等已统一迁入，成为三峡地区文化凝聚和文化旅游的集结地，正在发挥传承和弘扬祖国传统文化的作用。

硕果累累的三峡文物保护，既丰富了三峡地区文化，也使一些学术空白得到了填补，一些历史疑团得到了诠释，三峡文化事业正在以保护的方式迅猛发展。在对三峡库区文物实行抢救性保护之前，人们对三峡文物的了解仅限于旅游风景区的地面文物，对于三峡文化的博大精深和深厚底蕴了解甚少，甚至对长江流域也是人类发源地的说法都存有争议。如今，通过对三峡库区文物的保护，通过保护中取得的成果，人们对三峡文物有了更深入的了解，对三峡文物所蕴含的文化信息更加感兴趣，对长江流域也是人类发源地的说法更加坚信，为实现文化强国的中国梦奠定了物质基础。

（《保护三峡文物　构建三峡文明》，原载《三峡文化研究》2015 年辑刊。有改动）

殖殖其庭，有觉其楹

——试述宜宾的文化遗产

罗培红　宜宾市博物院院长、副研究馆员

摘　要： 宜宾作为国家历史文化名城，其文化遗产悠久淳厚，种类繁多，各有特色。本文通过对宜宾历史的简要梳理，引出宜宾的物质文化遗产和非物质文化遗产，并试述各类别的主要代表部分，以期与各位共享。

关键字： 宜宾；文化遗产；文物；非遗

文化遗产，概念上分为有形文化遗产和无形文化遗产，包括物质文化遗产和非物质文化遗产。物质文化遗产是具有历史、艺术和科学价值的文物；非物质文化遗产是指各种以非物质形态存在的、与群众生活密切相关、世代相承的传统文化表现形式。

宜宾乃长江正流起点，三江交汇，扼四川出入云贵之咽喉，历史悠久，山川秀丽，是国家历史文化名城，其文化遗产亦是兹体丰厚、辉煌绚烂。本文将从宜宾简史、宜宾物质文化遗产和非物质文化遗产三个方面出发，而物质文化遗产又分为地上遗产（不可移动文物）和馆藏文物（可移动文物），冀与大家共同欣赏和探讨宜宾文化遗产的“满园春色”。

一　宜宾简史

长久以来，包括宜宾在内的广大川南地区未有史前遗址的发现一直是四川文物工作者心中的一大憾事，2009~2012年的向家坝水电站文物抢救与保护工程弥补了这一遗憾。叫化岩遗址、石柱地遗址的新石器时代遗迹、遗物的发现，填补了川南史前考古学文化的空白，将川南的历史上溯了近3000年，至距今约5000年。这是最早的、可信的宜宾先民活动记录。

先秦时期，以宜宾为中心的区域活跃着一支古老而神秘的部族——僰人，《史记》[1]《华阳国志》[2]等文献中有少许关于“僰侯”“僰侯国”的记载。僰人没有自己的文字，但能与汉人言，此地贩出的“僰僮”比西南地区其他少数民族的“僰僮”更受欢迎，因为他们不需要语言上的训练。僰人的生业结构中农耕畜牧皆而有之，遗憾的是一直未有与之相对应的实物被发现或出土。陕西、山东等地曾有史密簋、师袁簋、高卣盖三个有“僰”字的铭文器出土，但据李学勤等专家的考证，这里的“僰”均指位于今山东枣庄的一个妘姓方国。公元前316年，秦昭襄王命司马错、张仪等率军攻灭巴蜀[3]，后在此推行郡县、“万家实蜀”等政策，极大地加快了巴蜀地区的文明化进程，大量中原人口的进入带来了先进的生产力和生产工具，文化、习俗的浸染也同样加快了本地区民族的融合与交流。在此期间，秦在宜宾地区设置了第一个县级行政机构——僰道（“道”与“县”同，按照当时的设置原则，因地处少数民族地区故而曰“道”），具体确切时间因史料的阙如已无从考证。

秦汉时期是西南地区正式纳入中央王朝统治的关键时期，也是西南地区在与中原文明的交流和学习中快速发展起来的关键时期。新的郡县制政体下，中央王朝也对僰道地区开展了经济、文化等方面的改造，并于西汉高后六年（前182年）筑僰道城。移民的不断涌入，土著僰人不断地被融合与迁徙，民族结构在这一时期发生了嬗变，“僰道”也由此变为了“僰道县”。汉昭帝始元元年（前86年）犍为郡治移至僰道城[4]，开启了宜宾长期作为州郡府县治所之路，宜宾地区经济文化中心的地位也初步形成。宜宾得天独厚的区位优势在秦汉时期得以凸显，秦开五尺道、汉通南夷道均是以宜宾作为起点，发挥了为中央王朝对西南滇黔腹地进行军事渗透和经济社会开发重要战略支撑点的巨大作用。

4世纪的成汉时期，因战乱导致蜀地社会、经济和人口凋敝，李氏政权引原居住在牂牁（今贵州）的几十万僚人北上入蜀，史称“僚人入蜀”。入蜀僚人分布十分广泛，遍布包含宜宾在内的四川盆地全境，活动也十分频繁。这一事件给西南古代民族的演变带来了深刻的影响，也对四川及西南地区乃至中国历史都产生了较为深远的影响[5]。南朝梁武帝大同十年（544年），平定夷戎后于僰道城设戎州，从州名的设置足以让我们窥探当时宜宾的民族结构。唐朝时，戎州的辖域范围达到极致，北起今四川乐山、自贡，南抵今云南红河州，西至今四川凉山州，东到今贵州六盘水、黔西南州，纵贯西南，雄称“西南半壁”。北宋徽宗政和四年（1114年），戎州改称叙州，僰道县改称宜宾县，奠定了今天宜宾地域范围和行政区划的基本格局，并一直沿用至清。清代，叙州府辖领11县、2厅，分别是宜宾县、庆符县、富顺县、南溪县、长宁县、高县、筠连县、珙县、兴文县、隆昌县、屏山县、马边厅和雷波厅，版域较现在更为广阔。

二 物质文化遗产

（一）周彼泱泱，遗迹阕阕

据第三次全国文物普查，我市共登记不可移动文物6280处，居全省前列。其中全国重点文物保护单位15处、省级文物保护单位43处、市级文物保护单位50处、区县级文物保护单位147处。文物类型上古遗址、古墓葬、古建筑、石窟寺及石刻题记、近现代重要史迹及代表性建筑等五大类无所不包。时代上包括新石器时代到秦汉、唐宋到元明清，但先秦、魏晋至隋这两个重要的历史时期如同宜宾古史上割裂开来的两道鸿沟，绝少有历史遗迹遗物留下，期待将来更多的考古新发现予以填白。

1. 凿空：石柱地遗址、叫化岩遗址

向家坝库区石柱地遗址、叫化岩遗址新石器时代遗迹、遗物的发现，填补了川南史前考古学文化的空白，将川南的历史上溯了近3000年，至距今约5000年，其学术价值有如“凿空”。其中，石柱地遗址分布面积之大、文化堆积丰富、时间跨度较长，在川西南乃至金沙江流域是首次发现。新石器时期文化遗存是金沙江下游新石器时代考古取得的重大收获，对于研究川南金沙江下游的考古学文化面貌、成都平原与峡江地区史前文化交流及四川新石器时代文化谱系的构建有着重要的意义，石柱地遗址也因此入选“2011年度全国十大考古新发现”。

2. 酒都：五粮液老窖池、糟房头、流杯池

宜宾号曰“中国酒都”，古史有证。秦汉时期行销南越的“蒟酱”、唐代的“重碧”春酒、宋朝的“荔枝绿”、明清的“杂粮酒”，以至当代享誉全球的五粮液等，均为各时代的不朽代表。向家坝库区叫化岩遗址出土的新石器时代的陶杯亦可初见宜宾酒史悠久之端倪。唐宋时期，杜甫、韦皋、苏轼、黄庭坚、陆游等一大批文化名人的到来和他们留下的对宜宾美酒的赞誉更是为宜宾的酒文化添上了浓墨重彩的一笔。

“长发升”“利川永”五粮液明代老窖池群是我国现存最完整的地穴式曲酒发酵窖池群，为全国重点文物保护单位，现仍在发挥其历史的温度，而其传统酿造技艺更是被列为国家级非物质文化遗产保护项目。

2011年，经科学考古发掘的宜宾县喜捷镇糟房头酿酒作坊遗址是全国酿酒遗址考古的一项重大发现，是四川地区第一次发掘出使用年代最早、保存最好、要素最齐全的明代白酒酿造遗址。2012年11月17日，五粮液老作坊和红楼梦糟房头老作坊同时成功入选国家文物局更新的《中国世界文化遗产预备名单·中国白酒老作坊》项目，全国仅有八个老作坊列入，宜宾独占其二。

流杯池遗迹是北宋文豪、书法家黄庭坚在戎期间参仿东晋王羲之在会稽山兰亭“流觞曲水”宴饮雅聚而开辟修建的，九曲回肠，水流潺缓，至今石壁上仍保

存有黄庭坚的真迹“南极老人无量寿佛”八个大字。流杯池附近的石壁上，石刻题记鳞次栉比，计有宋、元、明、清至今历代名人诗词、书法题记130余幅，这无疑是对宜宾丰厚酒文化积淀的深刻注脚。

3. 神秘：僰人悬棺

僰人是历史上长期活跃于川南“叙南六属”、使用铜鼓、行悬棺葬的一支少数民族[6]。《史记》《华阳国志》等文献中有少许关于“僰侯”“僰侯国”的记载[7]。明代正史和川南地方志将僰人称为“都掌蛮”“山都”“都掌”“戎僰”“僰夷”等。明万历元年（1573年），四川巡抚曾省吾率川滇汉、土官兵14余万，历时半年之久，剿灭了都掌人的武装力量，缴获铜鼓93面[8]。至此，这支神秘的民族便消亡在了历史的长河中，不再见诸文献记载。学者屈川认为“历史悠久的川南僰人就是战国秦汉以来的濮僚民族中的僚人，都掌蛮也就是僚人的后裔”[9]，这一说法代表了学术界对僰人族属认定的基本观点。

僰人悬棺是僰人留下的最具代表性的文化遗产，有木桩式、人工凿穴式、天然洞穴式三种形式，时代跨越宋明，主要分布在今天的珙县、筠连县、兴文县一带，其中又以珙县境内的最富盛名，称为“中国悬棺葬天然博物馆”。珙县内已查明保存完好的悬棺有270多处，在中国18个有悬棺葬的省区中位居榜首。这里是全球悬棺最集中、最完整、葬式最典型的地方。而珙县保存最多、最集中、最完好的地方又当属洛表镇的麻塘坝和曹营镇的苏麻湾。

4. 特色葬俗：黄伞崖墓、七个洞崖墓、石城山崖墓、南广河崖墓

崖墓是汉代四川丘陵地区广泛流行的一种特色墓葬形制，大多在山崖或岩层中开凿洞穴，内分若干小方室，有的墓内埋葬数代人，陪葬品与土坑墓、砖室墓相近，以各式陶器、铜器为主。有的大墓的岩壁上雕刻画像，题材与画像石类似。宜宾地区属于崖墓分布的核心区域之一，仅三普查明的就超过1万座，近年基本建设中还屡有新发现。它们主要分布于长江支流两岸，一般集中连片分布，多为单室墓，规模上不及成都周边地区的崖墓。宜宾地区崖墓最大的特色当属其使用年代的下限，在其他地区崖墓早已销声匿迹的宋明时期，崖墓在宜宾仍较流行，不过其墓主族属已经发生了变化，使用主体由当初的汉人变为了少数民族。

5. 宜宾古建筑

根据第三次全国文物普查数据，宜宾地区古建筑共计1071处，主要类型有民居、宗教建筑、店铺作坊、牌坊、会馆、桥梁等。

就分布而言，宜宾地区古建筑和西南地区基本一致，主要沿岷江、金沙江及其支流两岸河滩及台地布局城市、城镇，如历史上州（府）、县所在的三江口、李庄、横江、楼东等；亦有部分民居集中在拥有河流的山坳处；寺观建筑则主要分布于真武山、翠屏山山脊、坡地上，如从州（府）所在的宜宾城到李庄就存在“九宫十八庙”的说法；会馆、店铺

作坊主要集中在人口密集的城镇、交通要道，如从自贡通往云南、贵州的盐道；桥梁主要分布于山涧溪流处，方便当地民众进出的石板桥，其型制都大同小异。

就技术流派而言，宜宾地区和川南乐山、自贡、泸州等地基本一致，民居以穿斗结构为主，偶有祠堂建筑的堂屋为硬山，门楼多为戏楼，以改良后的歇山为主；等级较高的庑殿歇山基本都是官方或宗教建筑的正殿，但其工艺做法和北方官式建筑有较大区别。工匠技艺的传承拜张良为祖师，仪轨法术多从《大、小木经书》，基本技法仍从《鲁班经匠家镜》。从该书的传承路径看，可能与清初湖广填四川过程中的大量移民有关。

在时代上，木结构建筑最早为明代中期的万寿寺，其余绝大部分为晚清、民国时期修建。万寿寺原名万福寺，位于屏山县东，前临金沙江，后靠锦屏山。据明嘉靖《马湖府志》和清乾隆《屏山县志》记载，该寺建于金大定时，后毁。元“皇庆壬子年”重建，明成化、正德、万历年间均有较大培修。明正德十年（1515年）知府赵时吉扩建，遂名“万寿寺”[10]。

真武山古建筑群位于宜宾市西北隅的真武山上，据清《宜宾县志》记载，明万历初年，四川巡抚曾省吾征缴川南少数名族“都掌蛮”，为标榜“战功”托词真武帝助其师，在山上修建了真武祠，以后历代又增添不少宫观庙宇，成为川南道教名山[11]。

大观楼，原名谯楼，位于宜宾市旧城区西街口，据清嘉庆《宜宾县志》“叙郡谯楼记”云，其创建于明嘉靖年间（1522~1566年）。明末，张献忠义军进攻叙州城，与明军激战，大观楼毁于战火，仅存台基。清康熙年间重建后又遭焚毁，清乾隆二十年（1765年），由知府托隆重建，建成始名大观楼[12]。大观楼高敞明丽，古朴巍峨，堪称历史文化名城宜宾的标志性建筑。

（二）文物煌煌，维斯馆藏

第一次全国可移动文物普查，我市共登记上报可移动文物16827件（套），其中珍贵文物1627件（套）。下面主要列举几件收藏在我院的代表性文物。

柳叶形青铜剑　我院收藏有两件柳叶形剑，一件长25.3厘米，宽2厘米，扁茎而有两穿，时代为战国晚期至西汉早期。另一件长40厘米，扁茎，无格，带两穿，剑身上部近格处刻有巴蜀符号，出土于屏山县沙坝墓地5号墓。巴蜀式铜剑的基本器型特征为扁平无格，器身呈柳叶形，柄端有穿，最早产生于商周之际。到了战国前后，柳叶剑大量使用，基本形状又可分短剑和长剑两种，数量众多，成为巴蜀最主要的短刃兵器[13]，剑上多铸有巴蜀符号和虎斑纹，具有浓厚的地方特色。

西汉“半两”钱石范母　范石呈赭色，砂岩质。钱范母长25厘米，宽8.5厘米，厚5厘米。正面有钱范4排，每排7个，共28个。每4个钱连通形成一道铸槽，上有铸口。断面颜色由深到浅，层次分明，范面磨损较重，可见浇铸过若干次。每枚钱范直径均为2.7厘米，钱文为阴文小篆“半两”。高县文江镇水红村出土。宜宾自古便是一个重要的交通点，此次出土的钱范就是其联系成都平原和云贵地区经贸往来的最好证明。

双鱼铜洗　全称为“东汉建初四年朱提造作双鱼铜洗”，国家一级文物，侈口，宽平沿，圆腹，平底。内底部铸“建初四年朱提造作”八字隶书铭文，铭文两侧饰镜面对称双鱼图案。肩腹部饰以五道弦纹，两侧铺首衔环。1988 年 6 月，这件双鱼铜洗出土于翠屏区南广镇姚家嘴临河公路旁的崖墓里。而南广镇为古代宜宾重要的水陆码头，是南向出川入滇的重要通道节点，在古代交通史上扮演过重要角色。

唐天授武曌异体字戎州碑　碑体材质为青石，长 73 厘米，宽 34 厘米，厚 8 厘米。行书竖行，其上刻字为：“维天授三年太岁壬辰一月丁卯三月十二日戎州囗”，其中“授”“年”“月”为异形字。“天授”为武则天年号，“天授三年”为 692 年，即壬辰年。“丁卯”为 727 年，是唐玄宗开元二十五年。该刻碑从武则天时期跨越到玄宗时期，见证了大唐帝国的崛起和繁盛，也见证了宜宾的大好盛世。

宋代铜鼓　1983 年，宜宾市博物馆收藏一面宋代铜鼓。该铜鼓鼓面直径 49.0 厘米，高 26.0 厘米，重 18.24kg，是宋代川南地区的少数民族重要的乐器和法器。鼓身三段分明，上有四扁耳，边缘有孔。鼓面装饰十二芒太阳纹和两圈乳丁纹。铜鼓，宋明时期流行于川南地区，是古代少数民族统治者权力的象征。铜鼓在当时不仅具有极高的经济价值，更是号令本地区少数民族的重要礼器，被赋予了神圣的权力。

明媚态观音铜像　为黄铜造媚态观音站像，其下为莲花纹座。通高 50 厘米，座高 9 厘米。观音头饰花冠，裸体，披几道缨络，赤足，右虚步，略侧身站立，身段曲线分明，颇富韵味。右手平胸施说法印，左手下垂，指呈兰花状。造型富有曲线，给人以强烈的美感[14]。

清五彩花卉纹十件套瓷杯　杯一套 10 件，最大者通高 5.7 厘米，口径 10.7 厘米，底径 5.6 厘米；最小者通高 1.2 厘米，口径 4.7 厘米，底径 2.6 厘米。一件套一件，丝丝入扣。杯皆敞口、斜直腹，近底处内收，平底内凹，形似“圈足”状，白釉，而底未施釉。每件杯外壁均绘有五彩花卉纹，或缠枝花、或菊花、或兰花、或梅花。最小的一件内心还绘有一幅花卉图，装饰性及整体感较强[15]。

三　非物质文化遗产

非物质文化遗产是中华民族传统文化的重要组成部分，是各族人民世代相传的智慧结晶。宜宾独特的山水孕育了独特的风土人情，浸润和滋养出了众多千姿百态、色彩迥异的非物质文化遗产项目。它们真实地存在于宜宾各族群众生活的方方面面，是宜宾这个文化大观园中一朵长盛不衰的奇葩，蕴含着优秀传统文化的思想精华和道德精髓，也饱含以爱国主义为核心的民族精神和以改革创新为核心的时代精神。

宜宾是国家历史文化名城，有着厚重的文化底蕴，非物质文化遗产资源亦尤为丰富。截至2016年底，宜宾市现有县级以上非物质文化遗产代表性项目共计169项（含扩展项目），其中：国家级4项、省级23项、市级59项、县级83项，国家、省、市、县四级非物质文化遗产项目名录保护体系已初步形成。现有市级及以上代表性传承人80人，其中：国家级2人、省级24人、市级54人。近年来，宜宾市把非物质文化遗产保护事业作为传承城市生命力、凝聚发展向心力、提高文化软实力的重要抓手，多措并举，扎实有力，积极推动了全市非物质文化遗产的传承与发展。

本文试将宜宾的非物质文化遗产按国家级、省级和市级三级各选择一二代表性项目作一简要介绍。

（一）国家级非物质文化遗产

珙县苗族蜡染　被称为“刀尖上的绘画艺术”。蜡染，古谓之蜡缬，是中华民族古老的民间传统印染工艺之一。珙县苗族蜡染主要分布在位于珙县南部山区的罗渡苗族乡，主要有调蜡、碾布、绘图、渍染、去蜡等工序。制作工具比较简单，主要有蜡锅、蜡刀、熨石、案板、染缸、清水锅等。珙县地区的苗族同胞常将蜡染成品做成百褶裙、围腰、卧单、枕巾、帐沿、门帘、包单、蚊帐等，是苗族人民生活中不可缺少的民间手工艺。

（二）四川省非物质文化遗产

苗族花山节　又称踩花山，苗语称“欧岛”（音），是川南苗族最盛大隆重的传统节日，也是云贵川三省苗族的盛会。据苗族古歌叙述，花山节起源于古代苗族先民蒙博（妻）和蒙耶（夫）求子如愿的故事，后来苗民们纷纷效仿，遂相沿形成了花山节。花山节活动分为立花杆、祭花杆、自由歌舞和技艺展示、倒花杆四个环节，内容有祭花杆、拜神灵、芦笙鼓舞、吹奏竹箫、古歌传唱、苗歌对唱、绝技上刀山下火海、穿红鞋舔红铁展示，还有斗鸡斗鸟、手毽足毽、高空磨秋、蛇抱蛋、老鹰叼鸡等竞技活动。同时，花山节上还有苗族挑花、刺绣、蜡染和服饰大展示。苗族服饰因穿戴者的年龄不同而采用不同的制作工艺和色彩，又因地域差别而颜色各异，这些色彩缤纷的服饰汇集于此，仿佛山巅上摇曳着的朵朵浪花。

（三）宜宾市非物质文化遗产

珙县苗族古歌　流传于珙县苗族地区的集民间文学和音乐为一体的民族民间艺术，历史已达600余年，基本上依靠口头传承。内容涉及面极广，系统地叙述了苗族发展的迁徙史、天地日月的形成、万物的起源、人类的繁衍以及苗族的生产生活、婚丧嫁娶、民风民俗等内容，生动展现苗族人民对客观世界的认识和感悟，记录了他们征服自然、改造自然、不畏艰险、创世立业的丰功伟绩。它集历史、文学、音乐、美学等于一身，从不同侧面反映了苗族人民丰富的哲学、历史、文学、政治、经济、民俗等思想和情感，对于丰富我国的历史学、民族学、民俗学、语言学以及文学艺术创作等，都具有很高的学术研究价值和使用价值。

慧多麦秆画　麦秆画是一种起始于隋唐时代的剪贴艺术，将麦秆经过熏、蒸、漂、刮、推、烫以及剪、刻、编、绘等多道工序，制作出优美的工艺品。珙县“慧多”牌手工麦秆画，是由“珙县慧多手工艺品加工厂”开发制作的纯手工工艺美术作品，以其“古朴典雅、精细柔美、栩栩如生、层次感强、光洁度好、保存时间久”等优良特性而深受各地消费者喜爱。四川美术学院的崔炎教授曾给予“慧多”牌麦秆画“远观夺目、近观夺心”的高度评价。他说“慧多牌麦秆画”的出现填补了四川乃至国内精品手工工艺美术麦秆画的空白。

结　语

“双江绕廓古戎州，万里长江江水头。三塔扶摇临碧落，两山叠峙彩云浮。流杯池壁名篇镌，真武观前景色幽。最是中城佳览处，西南半壁大观楼。”这首诗里面提到了被金沙江、岷江双江环抱的长期作为郡州府县治所的宜宾老城、三江合流、白塔黑塔旧州塔、翠屏山真武山、流杯池、真武山古建筑群、大观楼，它们无一不是宜宾最为重要的自然和人文景观。

这首诗的作者是著名宜宾人——罗哲文先生。罗哲文先生于1940年考入因抗战内迁李庄的中国营造学社，师从著名古建筑学家梁思成，曾任国家文物局古建筑专家组组长、中国文物学会会长。从李庄、从宜宾走出去的罗老不仅是宜宾的骄傲，也是全国文博界的骄傲。罗老虽已仙逝数载，但我们有责任沿着罗老的步伐，为中国的文化遗产保护事业、为中华优秀传统文化的传承发展，不忘初心、砥砺前行。

注释

[1] 司马迁：《史记》，中华书局，1959年。

[2] 常璩著，刘琳校：《华阳国志》，四川大学出版社，2015年。

[3] 同[2]。

[4] 王麟祥修，邱晋成纂，何源浚续修：《叙州府志》，内部影印本。

[5] 卢华语：《论僚人入蜀及其意义》，《北朝史研究——中国魏晋南北朝史国际学术研讨会论文集》，第425、426页，商务印书馆，2004年。

[6] 屈川：《川南都掌蛮铜鼓文化探讨》，《民族研究》2004年第3期。

[7] 同[1]、[2]。

[8] 同[6]。

[9] 屈川：《川南“都掌蛮”反明斗争考述》，《民族研究》1987年第4期。

[10]《宜宾地区文物志》，第100页，四川省宜宾地区文化局编印，1992年。

[11] 同[10]，第81页。

[12] 同[10]，第89页。

[13] 中国青铜器全集编辑委员会：《中国青铜器全集·巴蜀》，文物出版社，1994年。

[14] 同[10]，第228页。

[15] 同[10]，第222页。

试析文物工作的趋势

蔡永旭　宜宾市博物院副研究馆员

摘　要：从文物法律和国家行政机关制定颁布的文物条例、办法、规定等规范性文件变化情况，分析文物工作的趋势，浅析文物工作中存在的制度化、科学化、政府主导化和信息化的趋势。

关键词：文物工作；制度化；科学化；政府主导；信息化

本文主要以文物法律和国务院、文化部及国家文物局制定和颁布的文物政策、法令、规定、办法、条例（以下称“法规”）为线索，讨论分析文物工作的趋势。我国的文物法规可以追溯到20世纪30年代，当时的民国政府建立了中央古物保管委员会，明确了工作职责，有的省、市、县政府建立了地方古物保存委员会[1]。显然，政府在文物保护中已有不小作为。新中国成立后，文物法规的创建经历了一个从初创到发展、从局部到全面的曲折的发展过程（本文不赘述）。根据我国文物法规变化轨迹，我们再分析文物工作规律或趋势就比较容易了。我们认为这些内在规律就是制度化、科学化、政府主导化和信息化趋势，这些趋势有的已经形成，有的正在形成。它们一直主导着我们的文物工作，并将对后续的工作方向产生重要影响。

一　文物工作的制度化趋势

建国初期，文物法规的主要表现形式有两种。一是政务院（国务院）、文化部和国家文物局发布，以单项文物保护为主的各种“暂行办法”“指示”和“暂行管理办法”等，如涉及古文化遗址及古墓葬之调查发掘、古文物建筑和印刷品出境等[2]。二是内容比较全面的“条例”，如1961年3月国务院颁行的《文物保护管理暂行条例》。

改革开放以来，文物法规逐步完善，涉及的范围越来越广，越来越细，表现为国家机关颁行了大量的“（试行）条例”“规定”“（试行）办法”等，内容虽各有侧重，但具有较强的系统性。如涉及拓印古代石刻、拍摄文物和古建筑、古文化遗址和古墓葬等的消防工作等内容[3]。2003年，国务院公布的《文物保护法实施条例》将当时多年来探索出的文物工作规律制度化，加大了文物保护工作的力度。

"制度问题带有根本性、全局性和长期性，使制度和法律不因领导人的改变而改变，不因领导人的看法和注意力的改变而改变"[4]，依法治国的理念是文物保护工作制度化的理论基础。

二　文物工作的科学化趋势

文物工作的科学化在不可移动文物保护和文物保护国际协作等方面，体现得相当明显。

在不可移动文物的保护中，政府开始只强调了对文物保护单位的保护[5]。1992年，政府才要求对大量的、一时尚未公布为文物保护单位的地面文物，由县、市人民政府予以登记，并加以保护[6]。这条文物保护措施是非常重要的，因为决定一处不可移动文物是否能公布为文物保护单位的因素很多，往往涉及文物所在地的文物工作环境，如文物的保护管理基础和当地的经济环境状况。同时，我们对文物的历史、艺术和科学价值的认识也未必能一次到位。所以，对非文物保护单位也实施保护，才符合文物保护工作的自身规律，才符合文物保护的科学性要求。尤其重要的是，由于文物的不可再生性，损毁一处就消亡一处，损失将无法弥补。

过去的文物保护工作对历史文化遗产的整体性和完整性认识不够，长期局限于一种单体文物保护理念，科学性不够。1982年，文物保护开始了历史文化名城保护新方式[7]，改变了单体文物保护理念，体现了历史文化遗产的整体性和完整性保护需要。在实践过程中，我们对保护历史文化名城的认识逐步深化，从保护名城的城市格局、风格和风貌，逐步发展为还要保护名城的历史文化街区，要求注意新建筑的体量、色彩、形式和高度的协调。同时，为加大历史文化名城的保护力度，我们将保护历史文化遗产、城市传统风貌和城市地方特色等纳入城市的总体规划等[8]。

1985年，我国加入《保护世界文化和自然遗产》国际公约，先后又加入《关于禁止和防止非法出口文化财产和非法转让其所有权的方法的公约》《国际统一私法协会关于被盗或者非法出口文物的公约》《武装冲突情况下保护文化财产公约》[9]，为文物科技和文物国际协作的开展创造了条件，并促进了我们的文物政策科学化。如1998年5月5日，美国海关向中国驻美大使馆无偿归还了被查获的汉、明两代古代陶瓷珍品47件[10]。

三　文物工作的政府主导化趋势

政府之所以要主导文物工作，是因为国家和政府保护文物是其职责所在，这也是通行的国际惯例。联合国教科文组织1968年通过的《关于保护受到公共或私人工程危害的文化财产的建议》中说，各国政府有责任像促进经济发展那样尽力确保人类遗产的保护和保存。1972年通过的《世界文化和自然遗产公约》也规定，本国领土的文化和自然遗产的确定、保护、保存、展出和遗传后代，主要是有关国家的责任，并要求该国为此目的竭尽全力，最大限度地利用本国资源。但单一地依靠国家和政府保护文物也不符合我国文物工作的实际情况，我们还需要探索多渠道的文物保护体制。所以，2003年5月出台的《文物保护法实施条例》，明确了民间文物收藏者的权利和义务，不但肯定和保护了民间文物收藏行为，而且还解决了民间收藏文物途径等诸多实际问题。

文物公共产品的性质也决定了政府在保护文物中的不可替代作用。政府利用合法的强制力，可以持续、稳定和公正地供应公共物品，因为它能克服由市场供应存在的缺乏供应或供应不足、利用不足、可能会损害公共利益的缺陷，它能克服由第三种力量供应存在的不稳定和不充分的缺陷[11]。

四 文物工作的信息化趋势

2001~2010年，国家文物局、财政部启动了“文物调查项目”，它是开展时间较早、规模较大的文物信息化工程，是以影像采集、数据存储和网络技术为基本手段的文化遗产领域的一项数字化基础工程，主要调查了馆藏珍贵文物资源。

2007年4月~2011年12月，我国开展了第三次全国文物普查，根据具体的统计指标，全面采集不可移动文物的数量、分布、特征、保存现状、环境状况等基本情况，建立档案和信息管理系统；2012年10月~2016年12月，开展了第一次全国可移动文物普查，采用现代信息手段，运用集中调查统计的方式，对可移动文物进行调查、认定和登记，掌握可移动文物现状等基本信息。

2016年7月，国家文物局公布《博物馆定级评估标准》（修订了2008年2月施行的《博物馆评估暂行标准》）。标准分综合管理与基础设施、藏品管理与科学研究、陈列展览与社会服务三大项，分别有61、46、54子项，每项都有量化分数，在促进博物馆的标准化建设方面具有推动作用。

信息化的核心是数据，文物信息化的核心是文物数据。所以，我们确立了文物调查（普查）和管理方面的标准统一和相关指标的数据化。信息化为文物工作提供了便利和有效的方式，推动了文化遗产工作在管理理念、管理手段上的进步。

结 语

文物法规同其它法规一样，具有原则性和滞后性的特点，其不断变化和完善是必然的。文物法规的变化原因是各时期不同的政治、经济和文化环境，各因素的影响力度存在时强时弱的情况；但随着社会的进步和发展，相互之间的联动作用却是越来越紧密。只要我们把握了文物工作的制度化、科学化、政府主导化和信息化的大趋势，就能增强工作中的预见性，更好地把握工作方向和促进各项工作的开展。

注释

[1] 民国:《古物保存法》《古物保存法施行细则》《采掘古物规则》《古物保管会组织条例修正古物保存法第九条条文》《中央古物保管委员会各地办事处暂行组织细则》《中央古物保存委员会各地办事处办事细则》。

[2] 1950年5月24日，政务院《古文化遗址及古墓葬之调查发掘暂行办法》; 1950年7月6日，政务院《关于保护文物古建筑的指示》; 1975年12月12日，国务院《关于个人携带、邮寄我国印刷品出境的暂行管理办法》。

[3] 1979年9月4日，国家文物局《拓印古代石刻的暂行规定》; 1981年5月23日，国家文物局《关于拍摄文物的几项暂行规定》; 1987年2月23日，国务院《中华人民共和国消防条例实施细则》。

[4] 中共中央文献编辑委员会:《邓小平文选》第2卷，第146页，人民出版社，1994年。

[5] 1961年3月，国务院公布了三元里平英团遗址和金田起义地址等180处第一批全国重点文物保护单位。1963年4月17日，文化部《文物保护单位保护管理暂行办法》。

[6] 1992年5月，国家文物局《中华人民共和国文物保护法实施细则》。

[7] 1982年2月8日，国务院批准第一批国家历史文化名城。

[8] 2003年11月27日，建设部《城市紫线管理办法》。

[9] 龙志刚主编:《最新文物管理百科全书》，第766页，安徽文化音像出版社，2003年。

[10] 同[9]，第340页。

[11] 曾国安著:《政府经济学》，第110~115页，湖北人民出版社，2002年。

居延汉简“累胡隧”考*

王子今　中国人民大学国学院教授

摘　要：居延汉简所见居延地方军事设置单位中有“累胡隧”。“累”即“纍”，意为拘系。“累胡”名号类同“执胡隧”之“执胡”，与居延地方诸多命名出现“胡”字的隧、亭、仓同样，体现了汉王朝对匈奴军事优势的自信。其他“定胡”“破胡”“击胡”“却胡”等名号的普遍使用，可以看作汉代社会国家意识与民族意识的一种表现。

关键词：居延；汉简；累胡隧；执胡隧；破胡

汉代西北方向的发展空间得到开发[1]。丝绸之路开通创造的机会得到社会普遍关注[2]。草原民族的积极参与促进了丝绸之路文化交往的活跃[3]。北方具有军事强势地位的匈奴一方面通过贸易活动推进丝路繁荣[4]，另一方面也威胁着丝绸之路汉地路段的通行安全。汉代河西军事建设，具有维护丝绸之路交通安全的意义。汉代文化遗存中有抗击匈奴、远征匈奴、制服匈奴、决胜匈奴的国家理念和民族精神的体现。从社会意识视角考察丝绸之路史，应当注意相关现象。

居延汉简所见边塞军事设置单位名号，有些具有宣传鼓动，增强士气，提升对敌方军事优势自信的意义。

例如，亭名有：

“霸胡亭”（3.4）；

“破胡亭”（103.42）；

“却胡亭”（438.1A[5]）；

“覆胡亭”（EPT59：2）。

仓名有：

“斥胡仓”（148.3，148.48，273.8，308.45，563.6）。

隧名有：

“击胡隧”（3.10）；

“夷胡隧”（13.3，53.22，116.5，146.52，177.10，219.7，253.6，353.1）；

“服胡隧”（14.26A，387.4[6]）；

“吞胡隧”（29.2）；

“执胡隧”（40.20，41.16，49.22+

* 此为教育部后期资助项目“汉代丝绸之路交通史”（项目编号：2017010247）的部分内容。

185.3，55.8，55.22，56.29，72.44，117.30，145.38，157.2，157.12，161.1，179.4，203.35，229.4，231.121，287.17，306.5，336.19，乙附46，EPT5：13，EPT8：18，EPT51：239，EPT51：273，EPT51：504，EPT51：523，EPT52：565，EPT57：71，EPT59：124A，EPT65：358，EPT65：359，EPF22：694）；

“伐胡隧”（68.113，110.37，123.1B，173.28A，217.15+217.19[7]，EPT3：1，EPT5：45A，EPT51：188，EPT51：212A，EPT51：234，EPT53：30，EPT59：255，EPT59：645）；

“逆胡隧”（72.35，210.7，224.20，276.8，312.9，PT5：181，EPT14：2，EPT52：205，EPT52：309，EPT55：13，EPT56：5）；

“破胡隧”（118.1，552.3+552.4，EPT59：711）；

“累胡隧”（457.3A[8]，EPT27：27，EPT58：28，ESC：36）；

“胜胡□”（EPT57：77）；

“伏胡隧”（288.6，ESC：33）；

“乘胡隧”（349.43，405.2，502.3，560.30，564.25，564.26，584.3，ESC：41）；

“殄胡隧”（427.2B，ESC：42）；

“获胡隧”（433.13，562.12）

“却胡□”（ESC：148）[9]。

河西地方的某些地名，也有取相类同的政治意识和民族意识的。如居延汉简所见觻得里名：

“觻得灭胡里”（387.8）[10]。

以上涉及“胡”的有些名号，体现了较宽广层面的社会意识主体倾向。即对匈奴军事压迫持抗击立场的态度。其中英雄主义与进取精神也多有透露。

例如，与“破胡亭”、“破胡隧”名号相关，史籍文献所见人名“破胡”者，有“任破胡”[11]“刘破胡”[12]“吕破胡”[13]等。《急就篇》可见“郭破胡”[14]。汉印资料又有“梁破胡”[15]。居延汉简所见人名“破胡”有多例（5.18+255.22，11.9，11.10，67.1，104.29，159.22，EPT51：106，EPT51：199，EPT52：687，EPT56：189，EPT56：378，EPT57：12，EPT57：81，EPT58：45B，EPT58：48，EPT58：52，EPT58：82）。虽然其中有数枚简例指同一人者，然而也足以体现以“破胡”命名风习的普及。《汉书》可见“破胡侯”[16]。

与“斥胡仓”有关，居延汉简可见“斥胡”人名（507.6）。

与“胜胡□”相关，居延汉简又有人名“胜胡”者（303.12A，558.3）。

与“却胡□”相关，西域鄯善国、焉耆国有“却胡侯”[17]龟兹国有“却胡都尉”“却胡君”[18]官职。

与“击胡隧”相关，西域疏勒国有“击胡侯”[19]，龟兹国有“击胡侯”[20]，焉耆国有“击胡侯”[21]，疏勒国有“击胡侯”[22]，危须国、尉犁国、焉耆国有“击胡君”[23]，焉耆国有“击胡左右君”[24]，危须国、焉耆国有“击胡都尉”[25]等职任与身份。

相类同的文化现象，汉印资料可见

“定胡军司马”[26]。新莽时有“定胡将军”名号[27]。

对于“累胡隧”名义，似有必要特别予以考论说明。居延出现“累胡隧”的简例，有：

累胡隧卒左弟（457.3A）

到卅井纍胡隧郭迹■（EPT27：27）

■辰到累胡迎受四年戍卒即日病頭恿（EPT58：28）

累胡■卒桥陵六月食三石三斗三升少五月壬辰橋霸取卩（ESC：36）

“累”即“纍”，简 EPT27：27 即写作“纍”。

“累”“纍”均指绳索。《说文·糸部》：“纍，缀得理也。一曰大索也。”段玉裁注：“引申之，不以罪死曰纍。”[28]“纍”有拘系之义。《广雅·释言》：“纍，拘也。”[29]《正字通·糸部》：“被执拘系，有罪无罪者，皆曰纍。”[30]被执拘者，有“纍臣”称谓。《左传·僖公三十三年》：“君之惠不以纍臣衅鼓，使归就戮于秦。”杜预注：“纍，囚系也。”[31]这里的“纍臣”是指战俘。

居延烽燧名称中，“累胡”与出现最多的“执胡”，辞义大致相同。与所谓“获胡”，意思也是大体相近的。

我们看到，居延汉简所见涉及“胡”的名号，用“霸胡”“破胡”“却胡”“覆胡”“斥胡”“击胡”“夷胡”“服胡”“吞胡”“执胡”“伐胡”“逆胡”“累胡”“胜胡”“伏胡”“乘胡”“殄胡”“获胡”“灭胡”等，均言战胜“胡”、平定“胡”、消灭“胡”、征服“胡”。

与“破胡”“却胡”等名号类似，居延汉简又可见涉及“虏”的边塞军事设置。如“亭”有“收虏亭”（EPT59：67）、“功虏亭”（EPT68：59，EPT68：71），“仓”有“收虏仓”（135.7）、“庶虏仓”（EPT40：75A），“隧”有“要虏隧”（10.22，20.7，288.6，288.19A，288.19B，288.27，308.38，515.49，520.4）、“捕虏隧”（14.21，255.38）、“制虏隧”（27.4，55.25，176.39，231.25，239.6，257.20，276.8，EPT5：13，EPT51：469，EPT51：518，EPT52：547，EPT59：350，EPT59：354）、“灭虏隧”（35.6）、“穷虏隧”（39.36，40.24，44.22，89.24，145.20，478.2，EPT27：1，EPT40：70，EPT43：337，EPT51：409，EPT52：230，EPT52：589，EPT53：3，EPT58：19）、“惊虏隧”（40.20，73.23，156.29，203.11，206.3，224.31，270.26，276.8，317.2，EPT5：13，EPT5：22，EPT51：700，EPT52：8，EPT52：149B，EPT52：482，EPT52：487（1），EPT56：224，EPT65：443）、“收虏隧”（40.27，68.87，133.11，143.7，214.116，229.1+229.2，273.19B，EPT5：3，EPT5：11，EPT40：186，EPT43：331，EPT53：126A，EPT54：4，EPT58：110，EPT59：34B，EPT59：71，EPT59：114，EPT65：59，EPF22：267，EPW：40）、“望虏隧”（73.23，104.10，231.3，264.26，264.32，276.8，332.19，490.5[32]，EPT11：5，EPT51：19，EPT51：312，EPT51：

409，EPT52：2，EPT52：382，EPT52：511)、“降虏隧”(81.3，163.7，163.20，181.1A，305.17A，EPF16：4)、“止虏隧”(126.40+536.4)、“遮虏隧”(127.7，145.32[33]，276.8，287.13，乙附11，EPT11：3，EPT48：162，EPF22：393)、“平虏隧”(188.13，193.6A，EPT5：13，EPT51：27A，EPT52：149B，EPT59：203，EPF22：628A)、“候虏隧”(469.1+394.3[34])、“察虏隧”(561.17，EPT65：95)、“执虏隧”(EPT49：8)、“却虏隧”(EPT52：247)、“吞虏■”(ES(T119)·2)、“寇虏隧”(273.27A)等。

“惊虏”就是“警虏”。“庶虏”就是“遮虏”。居延汉简又可见“庶虏”(EPF22：193)、“遮虏河”(EPT8：19，EPF22：171，EPF22：171)、“遮虏辟”(EPT51：125)、“遮虏城”(EPF22：577)、“遮虏置”(EPT65：315)、“遮虏田舍”(EPF25：21)等。又有“居延庶虏里”(EPT65：462)。简文亦见人名“庶虏”(EPT51：197)者。《史记》卷一一○《匈奴列传》张守节《正义》引《括地志》：“汉居延县故城在甘州张掖县东北一千五百三十里，有汉遮虏鄣，强弩都尉路博德之所筑。李陵败，与士众期至遮虏鄣，即此也。长老传云鄣北百八十里，直居延之西北，是李陵战地也。”[35]又《汉书》卷五四《李陵传》：“诏陵：‘以九月发，出遮虏鄣，……’”“期至遮虏鄣者相待。”[36]《汉书》卷二八下《地理志下》颜师古注：“阚骃云武帝使伏波将军路博德筑遮虏障于居延城。”[37]《后汉书》卷四《和帝纪》李贤注：“武帝使伏波将军路博德筑遮虏障于居延城。”[38]可以作为理解简文所见“庶虏”“遮虏”名号的参考。

居延汉简所见里名又有“破虏里”(28.16，262.2)。

与上文讨论的“累胡隧”直接相关，居延汉简可见军事设置使用“累虏”名号的情形：

“累虏隧”(25.4，25.7B，83.3A，83.4，147.1，155.2A，155.14A，170.5A，181.8，214.87，233.6，233.12，305.15，327.11)、“破虏隧”(25.13A，219.5，437.15+437.16，454.6，495.3A)；

“累虏候”(428.5，ESC：38，ESC：80)；

“累虏部”(472.3)。

“累虏”与“捕虏”“收虏”“执虏”义近。

王莽更改地名，多用“虏”字，如东海郡开阳，“莽曰厌虏”；临淮郡富陵，“莽曰楔虏”；会稽郡诸暨，“莽曰疏虏”；丹阳郡黝，“莽曰愬虏”；桂阳郡曲江，“莽曰除虏”；广汉郡阴平道，“莽曰摧虏”[39]；武都郡武都，“莽曰循虏”；陇西郡狄道，“莽曰操虏”；金城郡浩亹，“莽曰罕虏”；武威郡扑劚，“莽曰敷虏”；张掖郡骊靬，“莽曰揭虏”；番和，“莽曰罗虏”；酒泉郡乾齐，“莽曰测虏”；西河郡乐街，“莽曰截虏”；五原郡成宜，“莽曰艾虏”；右北平郡广成，“莽曰平虏”；辽西郡交黎，“莽曰禽虏”；文成，“莽曰言虏”[40]。

王莽更改地名，也用“胡”字。如：

定襄郡武要，“莽曰厌胡”；代郡平邑，“莽曰平胡”[41]。又用“狄”字。如雁门郡，“莽曰填狄”；雁门郡埒，“莽曰填狄亭”；代郡，“莽曰厌狄”；代郡代，“莽曰厌狄亭”；右北平郡白狼，“莽曰伏狄”[42]。又定襄郡武进，“莽曰伐蛮”；长沙国，“莽曰填蛮”[43]。渔阳郡犷平，“莽曰平犷”[44]。可能也属于同样情形。“厌”“平”“伏”“伐”，“填”即“镇”，都说对异族的镇压平定。

“累虏”与“累胡”的对应关系，有讨论的必要。

陇西郡狄道“莽曰操虏”与五原郡成宜“莽曰艾虏”，使我们联想到郭钦故事。《汉书》载录王莽天凤三年（16年）“大使五威将”王骏所率新莽“出西域”远征军败于焉耆，而戊己校尉郭钦“击杀”焉耆“老弱”，因功封“子”爵事。其名号《汉书》卷九六下《西域传下》称“剼胡子”[45]，《汉书》卷九九中《王莽传中》称“剿胡子”[46]。“剼”“剿”两字，有注家指出因“转写”而异，字义本来是相通的[47]。王莽改陇西郡狄道为“操虏”，与郭钦封号“剿胡”有内在联系。《集韵·衔韵》：“剼，刈也。汉有剼胡子。”[48]直接以郭钦“剼胡子”故事为证。《说文·丿部》：“乂，芟艸也。”“刈，乂或从刀。”[49]“刈”字取杀伐铲除之义。五原郡成宜王莽改称“艾虏”，“艾”，意在“乂”“刈”。

居延汉简所见“累胡隧”及相关信息体现的文化理念和民族意识，与军事部署相关联，成为汉代丝绸之路交通复杂条件的一个侧面，值得研究者重视。

注释

[1] 王子今：《张骞事迹与天马象征》，2001年9月17日《学习时报》；《昆仑神话与西王母崇拜》，2002年5月6日《学习时报》；《登高明望四海》，2002年8月6日《光明日报》；《张骞凿空》，2017年5月18日《光明日报》。

[2] 王子今、周苏平：《汉代民间的西王母崇拜》，《世界宗教研究》1999年第2期；周新：《鄂城汉镜铭文“宜西北万里”小议》，《南都学坛》2018年第1期。

[3] 王子今：《早期丝绸之路跨民族情爱与婚姻》，《陕西师范大学学报》（哲学社会科学版）2016年第1期；《草原民族对丝绸之路交通的贡献》，《山西大学学报》2016年第1期。

[4] 王子今：《直道与丝绸之路交通》，《历史教学》2016年第4期；《丝绸之路贸易史上的汉匈关系》，《文史知识》2017年第12期。

[5] 原编号为“438.1”。谢桂华、李均明、朱国炤：《居延汉简释文合校》，第564页，文物出版社，1987年。史语所简牍整理小组释读出B面文字，编号改为“438.1A”。简牍整理小组：《居延汉简（肆）》，中央研究院历史语言研究所专刊之一〇九，第89页，2017年11月。

[6] 原释“破胡隧”。谢桂华、李均明、朱国炤：《居延汉简释文合校》，第548页，文物出版社，1987年。史语所简牍整理小组改释为“服胡隧”。简牍整理小组：《居延汉简（肆）》，第59页。

[7]《居延汉简释文合校》作“代胡隧”，第348页。史语所简牍整理小组改释为“伐胡隧”。简牍整理小组：《居延汉简（叁）》，中央研究院历史语言研究所专刊之一〇九，第30页，2016年10月。

[8] 原编号为“457.3”。谢桂华、李均明、朱国炤：《居延汉简释文合校》，第569页。史语所简牍整理小组释读出B面文字，编号改为“457.3A”。简牍整理小组：《居延汉简（肆）》，中央研究院历史语言研究所专刊之一〇九，第95页。

[9] 谢桂华、李均明、朱国炤：《居延汉简释文合校》，文物出版社，1987年；张德芳主编：《居延新简集

释》，甘肃文化出版社，2016 年。

[10]《居延汉简释文合校》作 “觻得□胡里”，第 548 页。史语所简牍整理小组改释为 “觻得灭胡里”。简牍整理小组：《居延汉简（肆）》，中央研究院历史语言研究所专刊之一〇九，第 60 页。

[11]《史记》卷二〇《建元以来侯者年表》，第 1149 页。

[12] 同 [11] 卷二一《建元以来王子侯者年表》，第 1104 页。

[13]《汉书》卷七《昭帝纪》，第 219 页，中华书局，1962 年。

[14] 管振邦译注，宙浩审校：《颜注急就篇译释》，第 81 页，南京大学出版社，2009 年。

[15] 罗福颐编：《汉印文字征》，四：十四，文物出版社，1978 年。

[16] 同 [13] 卷一八《外戚恩泽侯表》，第 719 页；卷七〇《陈汤传》，第 3028 页；卷一八《外戚恩泽侯表》“讨狄侯” 与 “破胡侯” 类同，

[17] 同 [13] 卷九六上《西域传上》，第 3875 页；卷九六下《西域传下》，第 3918 页。

[18] 同 [13] 卷九六下《西域传下》，第 3911 页。

[19] 同 [13] 卷九六上《西域传上》，第 3898 页。

[20] 同 [13] 卷九六下《西域传下》，第 3911 页。

[21] 同 [13] 卷九六上《西域传上》，第 3898 页。

[22] 同 [13] 卷九六上《西域传上》，第 3898 页。

[23] 同[13]卷九六下《西域传下》，第 3917、3918 页。

[24] 同 [13] 卷九六下《西域传下》，第 3918 页。

[25] 同 [13] 卷九六下《西域传下》，第 3917、3918 页。

[26] 同 [15]。

[27] 同 [13] 卷九九中《王莽传中》，第 4121 页。并列有“诛貉将军”“讨秽将军”，与“定胡将军”类同。

[28] 许慎著，段玉裁注：《说文解字注》，第 656 页，上海古籍出版社，1981 年。

[29] 文渊阁《四库全书》本。

[30] 同 [29]。

[31]《春秋左传集解》，第 409、410 页，上海人民出版社，1977 年。“虆臣” 称谓，汉代文献依然可见。马王堆帛书《战国纵横家书·苏秦谓齐王章（二）》：“始也，燕虆臣以求挚（质）。” 整理小组注释：“虆，拘禁。” 马王堆汉墓帛书整理小组编：《马王堆汉墓帛书·战国纵横家书》，第 31、32 页，文物出版社，1976 年。

[32]《居延汉简释文合校》作 “□虏候”，第 240 页。史语所简牍整理小组改释为 “左遮虏东”。简牍整理小组：《居延汉简（贰）》，中央研究院历史语言研究所专刊之一〇九，第 111 页，2015 年。

[33]《居延汉简释文合校》作“□虏隧卒”，第 591 页。史语所简牍整理小组改释为 “望虏隧卒”。简牍整理小组：《居延汉简（肆）》，中央研究院历史语言研究所专刊之一〇九，第 127 页。

[34] 简号据简牍整理小组：《居延汉简（肆）》，中央研究院历史语言研究所专刊之一〇九，第 64 页。

[35] 同 [13]，第 2916 页。

[36] 同 [13]，第 2451、2455 页。

[37] 同 [13]，第 1613 页。

[38]《后汉书》，第 171 页，中华书局，1965 年。

[39] 同 [13] 卷二八上《地理志上》，第 1588、1589、1591、1592、1594、1597 页。

[40] 同 [13] 卷二八下《地理志下》，第 1609 ~ 1614、1618 ~ 1620、1624、1625 页。

[41] 同[13]卷二八下《地理志下》，第 1620、1622 页。

[42] 同 [13] 卷二八下《地理志下》，第 1621、1622、1624 页。

[43] 同[13]卷二八下《地理志下》，第 1620、1639 页。

[44] 同 [13] 卷二八下《地理志下》，第 1624 页。

[45] 同 [13]，第 3927 页。

[46] 同 [13]，第 4146 页。

[47] 同[13]卷九六下《西域传下》颜师古注：“邓展曰：‘剗音衫。’师古曰：‘剗，绝也，音子小反。字本作剿，转写误耳。’” 第 3928 页。

[48] 同 [29]。

[49] 同 [28]，第 627 页。

地名和茶的龙门阵

李祥林　四川大学教授

茶是“国饮”，对于中国人，尤其是对于四川人来说，提起茶便有摆不完的龙门阵。这里，暂且放下板着面孔的论文式写作，拈取“地名和茶”这一话题，以轻松的笔墨跟读者聊聊天，天南海北地拉拉家常。地名和人名一样，也是值得留意的学问。归根结底，地名牵连着乡土情怀，彰显着地域文化，对之的考察和研究近年来颇有热度，尤其受到民俗学和文化人类学界关注。茶的故乡在中国，从民俗角度考察地名，不会不注意到地名与茶文化的关联。“茶马古道”（图一）是今天诸多省份感兴趣的话题（如我走访所见，今川西南不少地方立有涉及古道茶马事象的雕塑，意在标明自家人文地理位置不同寻常），此处不谈。放眼九百六十万平方公里的神州大地，你会发现，有许许多多地方跟我中华民族这“国饮”结下不解之缘，成为当今旅游文化中一道别致的景观[1]。

说起“茶”，人们便想到唐代陆羽。这位先生精于茶道，所撰《茶经》乃行中宝典，他不但被尊为“茶圣”，民间甚至奉之为“茶神”，成为行业神。据《新唐书·陆羽传》：“羽嗜茶，著经三篇，言茶之原、之法、之具尤备，天下益知饮茶矣。时鬻茶者，至陶羽形置炀突间，祀为茶神。”这说的是，卖茶者将陶瓷制作的陆羽像作为茶神供在茶灶旁。关于茶业奉陆羽为茶神，又见于唐代李肇《唐国史补》、宋代费衮《梁谿漫志》等。陆羽一生，为了撰写《茶经》，从20余岁开始，踏遍了南方30多个州府的茶区和名山大川，留下了他弘扬茶道、传播茶文化的足迹，也把许许多多可资纪念的遗物、遗迹以及故事留给后世。前述由当今知名导演杨小青所导的越剧《陆羽问茶》，便是其事迹的舞台化展现，有媒体报道称此为“茶圣陆羽初次‘走’上戏曲舞台”；编剧也自称创作该剧是因为喜欢茶，也喜欢“这个人”（陆羽），并说“他是一个奇人，也是一个名人，更是我们戏曲舞台上的一个新人”。2013年，这出《陆羽问茶》在中央电视台戏曲频道“九州大戏台”播出。陆羽，字鸿渐，号茶山御史，这“茶山”即在江西省上饶市北。775年夏，50多岁的陆羽移居江西。778年，他在上饶依山结庐

图一　甘洛境内青溪峡茶马古道（凉山）

定居，开圃种茶，凿了一口井，人称“陆羽泉”，该地迄今尚有“鸿渐宅”供后人凭吊。又，德清县在行政区划上属浙江省湖州市所辖，该县武康镇上柏黄前岭原名“鸿渐峰”，这地方也有“鸿渐村”。该峰与环境清幽、云雾变幻的国家级风景区莫干山遥遥相对，相传茶圣陆羽考察武康茶区时曾在这里居住，后人为了纪念他，遂以其字“鸿渐”为此地此村命名。这座鸿渐岭，面积约0.6平方公里，1985年前全村都是以种茶为主，村民们以此为谋生依靠。而在陆羽的故乡——湖北省天门县竟陵一带，留下的纪念性遗迹就更多了，以致前来观光的海外华侨也风趣地称竟陵镇为“陆羽遗迹卫星城”。这里，有“陆子泉”“鸿渐关”“陆公祠”等，如今已成旅游观光热点。

一般说来，“茶山”多泛指种植茶树的山，如中唐诗人袁高任湖州刺史时作有《茶山诗》，晚唐诗人李郢也有《茶山贡焙歌》。不过，在华夏版图上，“茶山”又是地名确指，且非止江西上饶一处。上海市崇明东南大海中的佘山，俗名“蛇山”，亦名“茶山”；浙江海盐东南海中，也有一“茶山”，明代俞大猷大败倭寇于茶山洋，即在此。在浙江绍兴，不难见到“茶亭”“茶亭弄”“茶亭桥”“茶亭庙”之类地名，究其缘由，一是跟宋代以来平水、兰亭等地便有固定茶叶交易市场且茶肆、茶事兴盛有关，二是跟绍兴人施医、施药、施粥、施茶的传统风俗有关[2]。杭州湾外，在舟山群岛中西部的定海，种茶是岛民经济收入的重要来源之一，茶也是他们供祖敬神的重要祭品，该地有“茶岭”“茶山浦”“茶人谷”等，还有“茶山岛”“茶叶礁”“大茶岙”和“小茶岙”等。畲族是南方民族，分布在闽、粤、浙、赣等地，以农业生产为主。“有人曾对1990年编辑的《景宁畲族自治县地名志》进行研究，并实地作了一些调查，结果发现该县所辖地域从政区地名到名胜古迹、从人工建筑到地理实体均有用茶命名的茶地名。这些不同或相同的茶地名，有的代表行政区域，如该县不仅有多处同名同字的茶园村，还有茶园乡，在人民公社化时代还设有茶园管理区；有的代表地理实体，如茶园岭，便是一条两边种满茶树既陡又长的山岭。”不仅如此，“通过对茶地名的分类，可以看出当地茶树生长的地形及范围，如是茶地名中带有排字的，如‘茶排’，就是指沿山腰或山头延伸的较长较平坦的山径地段都种有茶。如是茶地名中带有畈、坪字的，如‘茶坪’‘茶畈’，就是指一块较大平坦的丘陵山地亦种上茶。此外若地名带有‘湾’‘坑’‘岙’‘壑’字的，说明茶树栽培分布地域广泛。”[3]古城湖州，茶业有名且历史悠久，相传已逾2000多年，据明代《洞山岕茶录》载：“相传古有汉王者，栖退茗岭之阳，课童艺茶，踵卢仝幽致……”茗岭，海拔500多米，为江苏省宜兴市茗岭乡与浙江省湖州市白岘乡的界山，因产茶而得名（唐代阳羡茶的产地即在茗岭）。宜兴出上品陶瓷，茗岭产传世香茶，彼此可谓相得益彰。

京城北京，有东、西“茶食胡同”，有“茶马街”“茶源路”等，而海淀皇庄还有茶神庙（建国初尚存），供有茶神的泥塑彩像，二童子两旁站立，手捧茶瓶、拂尘。长江流域，南京地名中屡见涉及“茶”者，如茶庵、茶壶店、茶楼庄、十里茶棚、茶亭东街、茶南大街等，仅仅水西门外一带的“茶”地名就有近10个。又有“茶陵”，那是湖南东部某县，位于湘江支流洣水流域，与江西省相邻，汉时即置县，元明清时为茶陵州，此地所产油茶向为人知。在湖北，武昌有“茶港”，其地并不临水，究其缘由，盖在该地多湖泊，而以前的东湖等与长江相通，转载茶叶的船只多从此起岸，故有此名；至于汉口，在商贸繁华的汉正街，昔日也有茶商云集的“茶叶巷”。东南沿海，福建产茶，名扬四方。丁酉年（2017年）春节我去福州，见地铁1号线有站名“茶亭”。福州茶亭街南起洋头口，北至南门兜，明代为南郊，得名于一位化缘僧、人在此设凉亭为过往行人施茶，清道光后建房舍、设茶馆。地铁1号线南门兜站附近，是福州有名的“三坊七巷”。此乃今被保护的老城区，也是旅游热点，正月初二便人流熙攘。行走在主街上，见有福建茉莉花茶文化馆，黑漆金字的门匾上标明“全球重要农业文化遗产”。生长在成都的我熟悉，坐茶馆品花茶是川西坝子的老茶客所好，看来对这茉莉花茶，川、闽二地有同嗜焉。据馆内介绍，顺着海上丝绸之路，福州花茶于 1866 年后开始出口到欧洲，1889 年“福州茉莉花茶出口量世界最大”，又云：“福州的茉莉花茶已传承千年。它源于汉朝，西汉时，茉莉花从佛国印度传入福州，并被广泛种植。北宋时，由于中医局方学派对香气和茶保健作用的充分认识，引发香茶热，福州茉莉花茶因此诞生……福州开埠以后，有 17 个国家设领事馆，福州泛船浦成为世界最大的茶业港口。”此处提及的“泛船浦”（图二），原名番船浦，被称为“中国第一茶港”[4]。福州有仓山区，因地处仓前山一带，故名。据当地人讲述，仓山古称藤山，明代因盐商在桥南设盐仓，囤盐如山的藤山也改称仓前山，简称仓山。这里三面临水，水位较深，可泊大船，与福州城又有天然的闽江之隔，便于货物通关管理。明弘治年间，这里被划为外国商船停泊的码头。从此，中洲岛以下约 1 公里江面得名“番船浦”，后因方言中“番”“泛”同音而改称“泛船浦”。有当地谚语称：“走马仓前观走马，泛船浦内看番船。”便道出昔日状况。而在四川地区，据古代文献载，“蜀人谓茶曰葭萌”，今广元西南有“葭萌关”，白水江下游又有“葭萌水”。至于“扬子江中水，蒙山顶上茶”（图三），也为众所周知。地名与茶相连，其中学问大了。

“矮山出名花，高山出名茶。”川西北羌族地区有此谚语，尔玛人口头流传的谚语还有“茶叶一夜老”“樱桃红了正摘茶”“向阳好种茶，阴湾好栽桑”等[5]。民国三十三年《汶川县志》卷四记载地方物产有“茶”，云：“《寰宇记》：茶生

图二 “三坊七巷”中茉莉花茶文化馆的图片展示（福州）

图三　蒙顶山举办的茶文化旅游节（雅安）

益州，凌冬不萎。二三月采而干之，煮饮，令人不睡。龙溪、映秀、兴文，产量极富。"映秀是"5·12"大地震中心，迄今该镇渔子溪村犹有茶厂，延续着传统茶业。汶川龙溪今被誉为"羌人谷"，是岷江上游羌文化保存甚好区域，这条沟中有两个位于高山上的羌族村寨（直台和夕格，后者到移居地后被名为"木梯"）因大地震破坏了生存环境而整体迁往邛崃南宝山，我专程去走访过。当地为了扶持这批迁居羌民，也在山上开辟茶场助其就业，但因该山气候阴冷，故效果不理想。又，此处"兴文"乃汶川县银杏乡所辖，非指川南同名之县，见民国《汶川县志》卷二"乡里"所述："银杏乡，大邑坪以下，至兴文坪止，设乡公所于银杏坪。"（顺便说说，此"大邑"亦非川西同名之县，该书注释引土人语"大邑坪，大禹坪之音误也"）2013 年遭受"4·20"地震的芦山等县今为雅安市所辖，处于青衣江流域的该地带在历史上有"青衣羌"分布，自然而然，此在当今发展旅游的社会语境中是不会被忽视的地方资源。有关雅安茶文化的报道即云："汉、彝、羌族茶女采茶忙""清明前后，正值采茶季节，远远望去，已有十几名茶女正穿插田间"。据当地茶叶协会人士介绍，"由于雅安西接甘孜，北与阿坝毗邻，茶园里的女工除了汉族，还有彝族、羌族，她们若穿上民族服装，点缀在茶园之中，格外美丽”[6]。按照《茶经》记载，“茶者，南方之嘉木也。”地处西南的四川是茶文化发源地之一。早在汉代，蜀人王褒《僮约》便记载有“武阳买茶”。这最早被记录的茶叶交易地“武阳”，位于南河与府河在彭山境内交汇的双江镇。其他如司马相如的《凡将篇》、扬雄的《方言》中，都曾提及川茶。至于《茶经》谓“巴山、峡川有两人合抱”而堪称“茶王”的茶树，更是茶文化自古盛于巴蜀的力证。既如此，这里大大小小地名有涉于茶、因茗播香者，便随处可见。譬如，近世以茶馆林立著称的成都西门外有“茶店子”，司马相如“琴挑”文君之地邛崃有“茶园”；朱老总的家乡仪陇有“茶房”，小平同志的家乡广安有“茶坪”；风景名胜区大邑西岭雪山有“茶地坪”，以名山“天下第一秀”著称的峨眉有“茶棚子”。此外，在巴蜀地区，双流有“煎茶”，开县有“龙茶”，奉节有“野茶”，夹江有“茶坊”，丰都有“茶园”，盐亭有“茶亭”，青川有“茶坝”，北川有“茶关”，安县有“茶坪”，营山有“茶盘”，万源有“茶垭”，南江有“茶溪”，宣汉有“茶河”，彭州有“八窝茶”，长寿有“茶叶坡”，巴县有“茶树堡”，宜宾有“梨茶村”，岳池有“茶亭庙”、合江有“茶林湾”，崇州有“茶地头”，广元有“茶园沟”，诸如此类，不胜枚举。

与汶川县相邻的都江堰市地处成都平原西北边缘。今之都江堰市，昔为灌县，乃是以“都江堰”命名的水利工程的渠首所在地（玉垒山下有镇名“灌口”，正点明此）。城西江堰以上，属于岷江上游，古称“汶水”，是羌民族的聚居区。灌县西街是一条老街，岁月悠悠，故事多多。追溯历史，清代四川是边茶的主要产地，分为两路生产和销售，一是从成都府出南门向西康方面为南路边茶，以雅安为生产中心，以打箭炉（康定）为集散地；二是从成都出西门销往川西北及毗邻之甘、青诸省者为西路边茶，以当时的灌县、安县为生产中心，以松潘、理县为集散地[7]。在那茶马互市的年代，该地是川西平原与川西北高原商贸物质集散的要道，街上旅店、货栈、茶肆、酒楼一家挨一家，汉、藏、羌、回人众来来往往，马帮行走在叮叮当当的铃声中。这条从灌县至松潘、红原一带因茶马互市形成的古道称为“松茂古道”（灌松茶马古道），是茶马古道众多支线之一，至今在沿线尔玛村寨老人口碑中尚存种种有关背茶包的故事。前两年，我在理县通化高山上的西山村参加“白石祭”活动，见羌族民众自娱自乐式表演的节目之一就有“背背子山歌”，由村民背上茶包、药材、货物扮演人物复原历史，再现昔日高山深谷中的尔玛人为了养家糊口奔劳在茶马古道上的情景（图四）[8]。作为古道的起点，路面窄窄的灌县西街具有重要的历史文化意义。在进入川西北羌区的洋人的镜头下，山民身背茶包行走在这条沿岷江延伸的古道上的身影屡见不鲜。“三塪九坪十八关，一锣一鼓到松潘。”百余年前，诗人董湘琴从这里登玉垒关过

图四　高山羌寨村民在祭祀场上表演的古道上背茶包子的节目（理县）

索桥沿岷江上行，经过汶川、茂县，抵达松潘，一路上结合所见所闻写下了组诗《松游小唱》。这“十八关”中有“茶关”，是灌县通往松茂的茶马古道关口，《松游小唱》中“从此渐登山，五里茶关”所言即此。过去，朝廷规定盐茶专销，经营者须持有官方发给的凭证方可经营此业，而这“茶关”就是设卡对过往茶商验证放行之处。“茶关”已成历史，但其名今有人接之。2008年汶川地震后，行走在都江堰市区街头，我看见有茶楼以“茶关”命名，便与朋友们进入其中品茗。一个不大的长方形天井，穿斗式木结构二层楼，院子内布置有白石、微型碉楼景观、美丽的羊角花图案等，其装饰风格突出的正是羌文化特色[9]。

放眼长城内外、大江南北，还有不少地名虽不直接以“茶”命名，但因盛产香茗而享誉遐迩，地名与茶名便有了难分割的联系，以致人们说起地名就想到茶名，说起茶名便想到地名。比如，“龙井茶”与西湖，“碧螺春”与太湖，“蒙山黄芽”与蒙山，“武夷岩茶”与武夷山，“君山银针”与岳阳君山，“信阳毛尖”与河南信阳，“南路边茶”与四川雅安、“铁观音”与福建安溪，“普洱茶”与云南普洱，“祁红”与安徽祁门等。说到红茶，川人会想到宜宾，那里有“川红”。在宜宾市区，长江边上的王爷庙，如今还被作为非遗项目“川红”的展示场所（图五）。江城宜宾地处川南，跟川西地区相比，茶树发芽要早40天左右，采摘期也比前者长40~60天，当地出产的“早茶”极有名，2009年有关行业协会曾授予其“中国早茶之乡”的称号。这“宜宾早茶”，还获得了农业部地理标志认证，当地人对此地方品牌也颇感自豪。至于杭州西子湖畔的“龙井”从村名及泉名直接演

图五　长江边上的王爷庙，如今是非遗项目“川红”的展示馆（宜宾）

化成茶中佳品之代称，又是众所周知的更典型例子了。

注释

[1] 本文配图均系作者实地走访过程中拍摄。

[2] 顾鹏程《绍兴地名带“茶”多》，见网络。

[3]《含“茶”的地名》，见网络。

[4] 林晓明：《泛船浦：中国第一茶港》，2011年12月5日《东南快报》。

[5] 李祥林、王广瑞：《羌族民间文学概述》，《羌族文化传承人纪实录》，四川美术出版社，2012年。

[6]《四川雅安茶文化旅游》，见网络。

[7]《历史上的灌县茶场》，见网络。

[8] 李祥林：《白石祭·西山村·羌文化》，《成都大学学报》（社会科学版）2016年第1期。

[9] 李祥林：《灌县老城觅羌迹》，《城镇村寨和民俗符号——羌文化走访笔记》，巴蜀书社，2014年。

川南“都掌蛮”铜鼓文化探讨

屈　川　宜宾学院教授

摘　要：在历史上拥有巨量铜鼓的川南都掌蛮，既是铜鼓的使用者，又是铜鼓的铸造者和铜鼓文化的原创者。都掌蛮铜鼓在使用、流传过程中，充分发挥了伴歌节舞媚事鬼神和夸富显贵集众征战的社会功能，铜鼓是都掌蛮的神灵之物，也是财富与权力的象征。都掌蛮铜鼓文化与悬棺葬俗交融渗透、融为一体，不仅极大地丰富了铜鼓文化的内涵，更从本质上表现出铜鼓文化是都掌蛮古老民族文化的重要特征。

关键词：都掌蛮；铜鼓；铜鼓文化

四川南部南广河流域“叙南六属”之地（今宜宾市南境），是我国南方古代铜鼓藏量最多的地区之一，历史上长期活动于这一地区的都掌蛮，是一支使用铜鼓、行悬棺葬俗的古代民族。铜鼓作为一种民族文物，它从一个侧面反映了川南都掌蛮的生存繁衍状况和历史面貌，是我们研究都掌蛮历史和西南少数民族历史的极有价值的宝贵资料。铜鼓文化作为一种特殊的历史文化现象，积淀着都掌蛮社会历史发展的原始文明。对川南都掌蛮铜鼓文化的研究，是一个有待深入探讨的课题。

一　都掌蛮铜鼓的记载与遗存

川南都掌蛮，族属源流于濮僚系统。西汉中期以后至魏晋唐宋时期，僚人在蜀活动十分广泛，四川南部也成为僚人最为活跃的地区之一。晋人张华《博物志》记：“荆州极西南界至蜀，诸民曰僚子。”[1]《新唐书·南蛮下》载：“戎（州）泸（州）间有葛僚，居依山谷林箐，逾数百里。”元明时期史籍文献把都掌蛮混称为“僰人”“土獠蛮”“戎僰”者甚多。元代李京《云南志略》记：“白人（僰人）有姓氏，汉武帝开僰道，通西南夷道，今叙州属县是也。”又云：“土獠蛮，叙州南乌蒙（今云南昭通）北皆是。”[2]明代曾省吾《平蛮全录》载：“都（掌）蛮东连永宁（治今泸州叙永县），南接芒部（位今云南镇雄境），西通乌蒙，北达马湖（治今宜宾屏山县），而戎（明代戎县，即今兴文县）、长、高、珙、庆、筠六县近相联络，即古戎僰，汉之西南夷也。”[3]蒙默先生认为：“明代的僰人就是《明史》中的‘都掌蛮’”，而且，“我们确信，僰人就是古代西南地区的濮人，就是魏晋以后的僚人。”[4]因此，对川南都掌蛮铜鼓文化的探讨，实则成为古代僚人铜鼓文化研究的重要组成部分。

明朝开国伊始，统治者在对川南民族地区实施强行改土归流和强迫同化政策的同时，对都掌蛮进行多次残酷镇压，仅在宪宗成化年间的“成化之征”和神宗万历年间的“万历之役”两次大的征剿战争中，明军即掳掠都掌蛮铜鼓156面，并对都掌蛮进行了亡族灭种的血腥屠杀。《明实录·宪宗成化实录》载：成化三年（1467年），明王朝出兵十八万之众，“合兵攻山都六乡（今兴文县境内），尽焚其诸寨。凡斩首三千一十七颗，生擒五百九十三名，焚寨一千四百五十七处，禾仓九百八十一所，获铜鼓六十三面。”[5]《明史·刘显传》载：万历元年（1573年），四川巡抚曾省吾、总兵刘显率十四万大军荡平都掌蛮，“克寨六十余，获贼魁三十六，俘斩四千六百，拓地四百余里，得诸葛铜鼓九十三，铜、铁锅各一。”这是我国古代史籍资料中有关铜鼓数量最多的记载，足见川南都掌蛮是一支拥有巨量铜鼓的古代民族。

“万历之役”后，四川巡抚曾省吾将在征伐中缴获的都掌蛮铜鼓作为战利品，大量运往京师府库，并亲自“验择有声者天字号二十面、地字号二十面、人字号二十四面共六十四面，铜锅一口，铁锅一口，呈乞验明解进，……献之大廷藏之”[6]。《蜀中广记》载：“诸葛鼓，乃铜铸……昔伐九丝城（今兴文县境内）得十余面，今在成都府库中。”[7]随着都掌民族的消亡，都掌蛮铜鼓或解进府库，或散佚民间，或毁型改铸，甚至在“深箐中尚有埋藏未出者”[8]，存留至今的考古发掘实物和传世品已寥寥可数。在川南地方旧志记载和考古资料中，对都掌蛮铜鼓在历史上的发现情况和遗存现状有如下记录：

《叙州府志》载：

“宜宾县，铜鼓，横江乡水洞坎，嘉庆三年（1798年）土人掘获。今置城北师来山元祖殿，高一尺二寸，面阔二尺，鼓心作莲瓣纹，圆六尺，无字迹，通体皆细花纹。四耳缺一，腰微细，一面空，击之作革音。后又得二面，一存城南土主庙，一存城北崇报寺。式同。”[9]

“长宁县，铜鼓，相传武侯铸以镇夷者，今田间往往耕出之。邑中士大夫家常购之，以为轩斋古玩。”[10]

《雷波厅志》载：

“诸葛铜鼓，嘉庆时天姑密乡人掘地得之。今存关帝庙中。又黄螂土人掘地得铜鼓四亦存关帝庙。鼓高尺许，所铸皆奇文异状，互相错蟠，其雕螭刻鹭，犹可辨识，边际间缀蛤蟆，扣之有剥蚀声，疑武侯制以镇蛮者。”[11]

《筠连县志》载：

“铜鼓：巡司场村人咸丰二年（1852年）于土中掘得。铜鼓，高尺余，阔称之，面有四蟾，空其底，腰微细，击之其声如鼓，惟无字迹。……高邑焦村亦掘得一面，稍小，制亦相似。”[12]

《庆符县志》载：

“在县东三十里铜鼓窝，自明以来相沿其号。乾隆四十年（1775 年），野人耕田获铜鼓一面，叩之有声，送至南风寺以供佛侧。不知铸于何代，用于何人，或曰：即武侯南征战鼓也。

雍正十年（1732 年）闰五月，黄螂获铜鼓四面上之。”[13]

《高县志》载：

“道光初年，焦村人于土中掘得铜鼓，邑令郭彬图跋识，置诸文庙。高一尺余，面阔二尺许，无字迹，鼓腰微细，一面空，击之其声如鼓。”[14]

《直隶泸州志》载：

“诸葛铜鼓，乾隆二十三年（1755 年）十一月，九姓长官司获鼓一面，通体俱完好，底围小，有剥蚀，声响洪亮，所铸奇文异状与《通志》载明万历初得铜鼓之上上者无异。”[15]

上述地方志资料记载表明，川南地区是中国古代铜鼓的重要分布地区和后世铜鼓出土较多的地区。解放后，人民政府和文管部门十分重视铜鼓文物的发掘和保护工作，自建国至今几十年间，宜宾、泸州不断有铜鼓出土，并且都已收入馆藏。2003 年 12 月 9 日，兴文县九丝镇（原建武乡）鹿舞村 6 组村民李利贵在开荒时又挖出一面铜鼓[16]，据宜宾市博物馆专家介绍，该铜鼓初步鉴定为元明时期所铸，这是川南古代铜鼓的最新发现。宜宾、泸州两市历史上掘获的铜鼓和解放后出土、征集的铜鼓，因时代变迁，年深日久，或有毁损，或有外调。2004 年统计两市现有铜鼓遗存馆藏情况，列表如下：

宜宾、泸州两市现藏铜鼓一览表

单位：厘米

鼓号	收藏单位	出土时间和地点	面径	身高	足径	资料来源
兴文 1 号	兴文县文化馆	1951 年冬建武乡出土	44	28	43	《中国古代铜鼓》，文物出版社，1988 年
兴文 2 号	兴文县文化馆	1956 年 1 月曹云乡龙洞出土	52	34	54	《中国古代铜鼓》，文物出版社，1988 年
兴文 3 号	兴文县文化馆	1978 年 10 月青联公社出土	58	37	62	《中国古代铜鼓》，文物出版社，1988 年
兴文 4 号	兴文县文化馆	1983 年 10 月大坝义和公社出土	54.6	35	58	丁天锡：《兴文县出土铜鼓》，《四川文物》1984 年第 3 期

续表

鼓号	收藏单位	出土时间和地点	面径	身高	足径	资料来源
兴文5号	兴文县建武乡文化站	1983年建武乡九丝山出土	58	38	62	白章、泽雨:《宜泸两地市馆藏铜鼓介绍》,《川南文博》1985年第2期
兴文“九丝鹿舞鼓”	兴文县文管所	2003年12月9日九丝镇鹿舞村出土	63	38	59	宜宾市文管所、市博物馆:2003年12月19日《宜宾晚报》
宜宾1号	宜宾县文化馆	1979年4月双龙公社出土	62	43	62	《中国古代铜鼓》,文物出版社,1988年
宜宾2号	宜宾市博物馆	民国年间横江石城山出土	64	42	62	《中国古代铜鼓》,文物出版社,1988年
宜宾3号	宜宾市博物馆	传世品	47	27	48	《中国古代铜鼓》,文物出版社,1988年
珙县1号	珙县文化馆	1951年1月洛表乡麻塘坝硫厂出土	54	34	54	《中国古代铜鼓》,文物出版社,1988年
珙县2号	珙县文化馆	1981年8月洛表乡麻塘坝千子门出土	39	25	42	《中国古代铜鼓》,文物出版社,1988年
泸州1号	泸州市图书馆	解放前藏于泸州市火神庙	47	27	47	兰峰:《四川宜宾出土铜鼓》,《考古》1983年第12期
泸州2号	泸州市图书馆	传世品	47.5	26	46.6	兰峰:《四川宜宾出土铜鼓》,《考古》1983年第12期
泸州3号	泸州市博物馆	收集品	45.8	26	46.5	兰峰:《四川宜宾出土铜鼓》,《考古》1983年第12期
泸州4号	泸州市图书馆	收集品	47.5	26.5	46	兰峰:《四川宜宾出土铜鼓》,《考古》1983年第12期
泸州5号	泸州市图书馆	收集品	48	38	61	兰峰:《四川宜宾出土铜鼓》,《考古》1983年第12期
古蔺1号	古蔺县文化馆	1985年10月德跃区粮站出土	58	42		胡世勋:《古蔺县出土一面铜鼓》,《四川文物》1987年第1期
叙永1号	叙永县文化馆	1990年4月普占乡大树村出土	53	29		周世华:《叙永县出土铜鼓》,《四川文物》1991年第3期

根据中国古代铜鼓研究会对铜鼓的分式定型和对各类型铜鼓文化的族属推断：包括四川南部在内的僚人活动地区，属于冷水冲型、遵义型和麻江型铜鼓的分布地区；冷水冲型铜鼓是西汉中期到隋唐的作品，遵义型铜鼓是唐到宋代的作品，麻江型铜鼓是南宋至清末的作品。上述三种类型铜鼓在宜宾、泸州现藏铜鼓中均有发现。都掌蛮使用铜鼓的年代可以上推至汉晋时期，下迄明代万历年间都掌蛮消亡之时。宋明之际是古代铜鼓在川南都掌蛮地区广泛使用和流传的时期，此时已进入古代铜鼓流传发展的后期。

二　都掌蛮是铜鼓的铸造者

考证川南都掌蛮所使用的铜鼓类型，虽非中国古代铜鼓的原始形态，但也绝非传说中的诸葛孔明所制。诸葛亮造铜鼓以制蛮之说，多出自于明代史籍文献和地方志乘之中，以致明代朱国桢《涌幢小品》云：“凡破蛮必称获诸葛铜鼓，有多至数十面者，此必诸葛亮倡之，后人仿式而造，其精巧仅有过之者。”[17]此类诸葛铜鼓之说实属讹传，清人檀萃在《滇海虞衡志》中指出：“铜鼓，粤人以为伏波（即马援，汉之伏波将军），滇人以为诸葛，而实蛮之自铸也。”[18]《兴文县志》曰：“铜鼓确为夷乐无疑，以为武侯所制者，诚误矣。”[19]《中国古代铜鼓》一书集当代铜鼓学专家的考证成果，已对铜鼓为诸葛亮所制之误传作了纠正，此不表。

唐宋时期，中央政权对西南边界少数民族施以招抚怀柔政策，为了达到笼络目的，宋政府对西南地区僚人开释铜禁。《宋史·蛮夷列传》记载：北宋太宗雍熙元年（984年），“黔南（今涪陵）言溪峒夷獠疾病，击铜鼓、沙锣以祀神鬼，诏释其铜禁。”《续资治通鉴长编》卷94云：北宋真宗天禧三年（1019年）十月，朝廷再次下诏：“诏益、梓、利、夔州路，缘边界（夷）人铜器，许于边界用之，州县勿责其违禁。”《宋会要辑稿·蕃夷五之二O》也辑录：天禧三年，朝廷下诏：“益、梓、利、夔州路缘边居住夷人，或有铜鼓、铜器，并许依旧于夷界内使用，州县不得骚扰。”川南戎州、泸州在宋代隶属梓州路，其戎泸山区的都掌蛮，享有铜禁开放政策，加之当地矿物资源丰富，于是凿山探矿、开办厂窑、自铸铜鼓成为可能。《续修叙永永宁厅县合志》载：“铜之纯者甚稀，多自矿石探取。叙永西城外一碗水有铜矿山，凤凰山有铜鼓坝，青山岩有铜矿山，……万历时开采。”[20]又记：“铜鼓厂，在黄泥嘴玉峰场。”[21]《叙州府志》载：“马湖（治今宜宾屏山县）自前明以来旧为产铜之处。”[22]有此开矿建厂自铸铜鼓的历史，并有探取矿石提炼纯铜的经验，因而，明嘉靖《四川总志》叙州“土产”条云：“（铜鼓）本府出。”[23]此记载指在都掌蛮消亡以前本地产出铜鼓。

唐宋以后，川南地区产生了铜鼓地名大量出现的文化现象，如：屏山县有“铜鼓岩”“铜鼓溪”；长宁县有“铜鼓山”；兴文县有“铜鼓岩”“铜鼓山”；庆符县有“铜鼓石”“铜鼓山”“铜鼓池”“铜鼓渊”；珙县有“铜鼓山”“铜鼓坝”“铜鼓寨”“铜鼓崖”“铜鼓荡”“铜鼓洞”；筠连县有“铜鼓岩”；叙永县有“铜鼓溪”“铜鼓桥”“铜鼓寺”“铜鼓厂”“铜鼓坝”；南溪县有“铜鼓滩”；江安县有“铜鼓沟”“铜鼓桥”“铜鼓寺”；泸州市有“铜鼓山”。上述铜鼓地名的地望及来源，辑录于川南各府县志乘之中，前面所引府志资料多有提及。川南铜鼓地名的命名地，与铜鼓的使用范围一致，其铜鼓地名“外来”之说[24]非能一刀所切，概全而论。部分铜鼓地名的出现，当与铜鼓铸于当地有关。无论铜鼓地名“外来”还是“土著”，它们的大量出现，足以说明铜鼓文化的社会渗透与传播，在历史上留下了永恒的印迹。铜鼓地名文化，已成为铜鼓文化的一个组成部分。铜鼓地名的大量出现，意喻着川南地区不仅在广大范围内流传着为数众多的铜鼓，也在大量产出铜鼓。明军征剿都掌蛮，一次就缴获铜鼓九十三面之多，足以成为佐证。有学者认为：“这样大量的铜鼓，应当说不会全是外地输入的，或许绝大多数是宜宾铸造的。”[25]其言甚是。

由于现藏铜鼓实物资料均无出产地铭文镌刻或出产地标志物识别，其铜鼓的来源和流传经过已无从查考。除出土铜鼓有出土时间和地点的记载外，传世品及收集品更是情况不明。因此，参照文献资料成为我们研究都掌蛮是否是铜鼓铸造者的主要依据。笔者认为：1. 北宋以来统治者对少数民族地区实施铜禁开放政策，是川南地区铜鼓得以发展、传播的重要原因；2. 都掌蛮充分利用当地的铜矿资源，并有探矿炼铜的经验，已经完全具备了铸造铜鼓的生产条件；3. 铜鼓历来被视为宝贵重器，“鼓有剥蚀又声响者为上，上鼓易牛千头，次者七、八百头，递有等差”。[26]若以银计价，“上者值银数十镒（一镒为二十两），次者数镒。”[27]如此昂贵之物，不可能从外地大量输入；4. 宋王朝开释铜禁的时期与都掌蛮活跃的时期和晚期类型铜鼓问世时期三者吻合；5. 宋王朝诏令铜鼓仅限“依旧于夷界内使用”，所谓铜鼓在叙州自“本府出”，当不是官府或汉人所为，而应是都掌蛮自铸。由此推论，使用铜鼓的都掌蛮当是铜鼓的铸造者，同时也是铜鼓文化的原创者。

三　都掌蛮铜鼓的社会功能

铜鼓在历史上曾用于祭祀、战阵、集会以及贮藏财货、丧葬和娱乐等，或作乐器，或作礼器，或作贡品、陪葬品、战利品。将诸如此类的分列用途归纳起来，古代铜鼓主要具备两大社会功能：一是作为乐器，伴歌节舞媚事鬼神，乃神灵之物；二是作为重器，夸富显贵集众征战，是财富与权力的象征。这两大社会功能，在都掌蛮铜鼓的使用与流传中，尽有体现。

（一）铜鼓为乐器，伴歌节舞媚事鬼神，乃神灵之物。

铜鼓最早的原始形态是从作为炊具使用的铜釜演变而来，一器二用，即为乐器，也作炊具，这在1975年云南楚雄万家坝古墓中出土的一批鼓面有烟炱、器身似釜的早期铜鼓考证中得到证明。川南铜鼓则不然。万历之役，明军在缴获大量铜鼓作战利品的同时，得获铜、铁锅各一口，说明都掌蛮铜鼓早已彻底脱离炊具而独立出来，锅用于炊，鼓用于乐，即所谓“蛮夷之乐有铜鼓焉”。[28]铜鼓作为一种特殊的乐器，不仅在一般部族集会和节日庆典中使用，更在祭祀、赛神、巫术和丧葬活动中敲击节舞，用鼓声来沟通神灵、沟通祖先、沟通上天。

《马湖府志》载：“夷俗尚巫信鬼，……岁暮罄所储，祭赛其域内淫祀之神，相引百十为群，击铜鼓，歌舞饮酒，穷昼夜以为乐，储弗尽弗已也。”[29]

《叙州府志》引《蜀中风俗记》载：“马湖之夷，岁暮百十为群，击铜鼓，歌舞饮酒，昼夜以为乐，其所储蓄弗尽弗已。”[30]

在都掌蛮击鼓为乐、祭神祀鬼的活动中，有两种极为特殊的仪式：一是“取钗叩鼓”，一是“猎头”行祭。

取钗叩鼓：《后汉书·马援传》李贤注引裴渊《广州记》云：“俚獠铸铜为鼓，鼓唯高大为贵，面阔丈余。初成，悬于庭，剋晨置酒，招至同类，来者盈门。豪富子女以金银为大钗，执以叩鼓，叩竟，留遗主人也。”都掌蛮继承僚人习俗，头饰椎髻，在通灵神物铜鼓面前，取金银钗击叩铜鼓，遂带神灵之气，以钗挽髻，即可得到神灵保护。明代杨慎（升庵）以议礼谪云南，自滇旋道经富顺，途经川南永宁（今叙永）时，得见都掌蛮用铜鼓赛神伴舞、取钗叩鼓的民俗，作《永宁县杂咏》诵道：“铜鼓声中夜赛神，敲钗击钏斗金银。马郎起舞姝徒唱，恼杀长征久戍人。”[31]杨慎在川南亲历所记，当是都掌蛮之俗。

“猎头”行祭：这是古代僚人在重要祭祀活动中猎取人头用于祭祀的习俗。《魏书·僚传》载：“（僚人）其俗畏鬼神，尤尚淫祠。所杀之人，美须髯者必剥其面，笼之于竹，及燥，号之曰鬼，鼓舞祀之，以求福利。”明人邝露《赤雅》云：“獠人相斗杀，得美须髯者，则剜其面，笼之以竹，鼓行而祭，竞以徼福。”[32]珙县麻塘坝一带流传有明代都掌蛮酋首阿大为复仇而取下敌人首级行祭的传说[33]，珙县悬棺岩画中保留了不少与“猎头”杀祭密切相关的岩画图像，说明都掌蛮敲击铜鼓行“猎头”杀祭，既为媚事神鬼，又为昭示勇武，这是都掌蛮的一个重要习俗。

由于铜鼓作为乐器，往往在大典或庄重场面上用于媚神事鬼，因而，在神秘雾罩下铜鼓亦被看作神灵之器。

（二）铜鼓为重器，夸富显贵集众征战，是财富与权力的象征。

铜鼓使用、流传于都掌蛮地区之时，川南古代民族已进入阶级社会，一切祭祀礼仪、巫术活动、集会议事、征战指挥等重大事项都在奴隶制的统治秩序下进行，大权已被少数酋首和贵族垄断。在这种社会条件下出现的铜鼓，从本质上来说已不是一般的乐器，而是掌握在少数酋首、贵族手中的重器。铜鼓成为占有者身份和地位的标志，是财富和权力的象征。

铜鼓乃价格昂贵之物，前文已有论述。《太平御览》卷785引裴渊《广州记》载："俚獠贵铜鼓，……鸣此鼓集众，到者如云。有是鼓者，极为豪强。"[34]明人邝露《赤雅》载："铜鼓……夷俗赛神宴客，时时击之，重赀求购，多至千牛。"[35]显然，铜鼓是只有富人才能"重赀求购"的宝贵器物。而且，只有豪富子女，才具资格取钗叩鼓祈求神灵保护。《续资治通鉴长编》卷94载：宋代富顺监（今富顺县）"始姑镇边（夷）人，家有铜鼓，子孙传秘，号为右族"。诸如此类，铜鼓实则成为夸示富有、提高社会地位的标志物。

铜鼓能集众，故拥有铜鼓就拥有统治权。《隋书·地理志下》载："有鼓者，号为都老，群情推服。"曾省吾《平蛮全录》载："都掌呼铜鼓曰诸葛鼓，相传以为宝器……藏至二、三面者即得雄视一方，僭称王号。每出劫，击鼓高山，诸蛮顷刻云集。"[36]谈迁《国榷》云："（都掌蛮）始出劫，必击鼓高山，诸蛮闻声并四集，则椎牛享蛮。出劫数胜，皆鼓之灵也。鼓去则蛮运终。"[37]都掌蛮把"出劫数胜"之功归于铜鼓灵威，因而每遇战事出征，必先"椎牛祭鼓以为神"[38]。但经明代"成化之征"和"万历之役"的征伐后，都掌蛮在惨遭明军镇压的同时，大量铜鼓被缴获，《明史·刘显传》记载，都掌蛮酋首阿大为此痛泣曰："鼓失则蛮运终矣"。足见铜鼓与统治权力密不可分。

由此观之，铜鼓的主要社会功能已不在于使用，而在于铜鼓既代表财富与权势、又与"蛮运"攸关的神奇力量。

四　都掌蛮铜鼓与悬棺葬俗

川南都掌蛮聚居的叙南六属地区，不仅是古代铜鼓使用流传的密集区，而且是我国现有悬棺葬遗存最集中的地区，尤其在宜宾南部的珙县洛表镇麻塘坝一带，既有铜鼓实物的挖掘出土（见前文《一览表》），又有大量悬棺葬遗迹的发现。1974年7月和1979年5月，四川省博物馆、重庆市博物馆先后派出工作组，对珙县麻塘坝悬棺葬进行考古调查。通过发掘清理，工作组发现珙县麻塘坝东西两侧长约五公里的山崖上，至今保留有悬棺一百多具，并在同一区域内的悬棺附近崖壁上，发现岩画图像二百多幅。据《珙县志》"珙本僰地，僰人多悬棺崖上"[39]的记载，川南悬棺命名为"僰人悬棺"，其悬棺族属已为学术界公认，即"都掌是僰人，也就是僚人，是川南悬棺的主人"[40]。

川南的铜鼓和悬棺葬是同族属主人的遗物。宋人乐史在《太平寰宇记》中对川南泸州僚人风俗有一段描述："其僚则与汉不同，性多犷戾，而又好淫祠。巢居岩谷，因险凭高。著斑布，击铜鼓，弄鞘刀。男则露髻跣足，女则椎髻横裙。夫亡，妇不归家，葬之崖穴。"[41]"葬之崖穴"即今考古学界对悬棺葬式类型研究中的“崖洞式”（含天然岩隙葬式），此葬式在珙县麻塘坝悬棺葬中有发现[42]。1974年7月，四川省博物馆在麻塘坝取下十具悬棺清理，发现有腰和裙边横饰花纹的麻织裙[43]，与僚人装饰相符。元人李京《云南志略》载：“土獠蛮，叙州南乌蒙北皆是。男子及十四五，则左右击去两齿，然后婚娶。……人死则以棺木盛之，置于千仞颠崖之上，以先坠者为吉。”[44]李京所记“土獠蛮”，即元明史籍中的都掌蛮。置棺木“于千仞颠崖之上”的“土獠蛮”有凿牙习俗，考古工作者在麻塘坝悬棺清理中，发现七具成年人骨骸中有六具打掉上颌骨左右两侧间齿的痕迹[45]，正与“土獠蛮”凿牙习俗相符。文献所记僚人生活习俗的文化特征，如：头饰椎髻、身着横裙、成人凿齿、使用铜鼓、行悬棺葬俗等，川南都掌蛮完全具备。因此，我们有理由相信，川南的铜鼓和悬棺葬，是代表同一民族文化的两种不同遗物，它们的主人就是都掌蛮。

就古代铜鼓和悬棺葬的地域分布而言，历史上使用铜鼓的民族不一定行悬棺葬俗，历史上行悬棺葬俗的民族也并非都在使用铜鼓。而川南地区铜鼓与悬棺葬在分布上却有如此让人惊异的叠合，这就构成一种特殊的文化现象：铜鼓文化与悬棺葬俗作为同一民族文化的两个方面，即交融渗透，融为一体，又各自从不同侧面反映出一个古代民族生存发展的活动痕迹。

都掌蛮铜鼓文化与悬棺葬俗的交融渗透，集中表现为铜鼓的神化和铜鼓崇拜，并以岩画的形式留下了历史的记录。

（一）都掌蛮与其他使用铜鼓的农业民族一样，击鼓求雨、祈祷丰稔是他们经常开展的宗教活动。都掌蛮在宗教活动中祭祀蛙神，认为蛙有神力也有灵性，可以“制雨”“镇雷”。“虾蟆群聚，从天请雨，云雷速集，应时辄下，得其所愿，春秋繁露。”[46]在珙县悬棺岩画中，我们发现在麻塘坝九盏灯有一典型的蛙舞形象，麻塘坝龙洞沟岩画中还有两个巫师扮蛙、作法求雨的形象[47]。川南历史上出现的铜鼓鼓面边缘大多铸有四个立体铜蛙，《蜀中广记》载：“《珙县志》：铜鼓，如筒，高一尺，腰有四耳备悬，上下緾以花鸟，一面临造，间有四蟆者，面中花瓣十二。”[48]明军在“万历之役”中缴获的都掌蛮铜鼓“皆奇文异状，相错蟠，仅可辨者，雕螭刻鹭，间缀虾蟆，其数皆四”[49]。清咸丰二年（1852年）筠连县巡司场村人掘得铜鼓“面有四蟾”；1956年1月，兴文县曹云乡龙洞出土铜鼓（兴文2号），鼓面铸有四蛙。由此见得，铸蛙于铜鼓重器之上，把蛙神的神力赋予铜鼓，说明都掌蛮在宗教活动中已将铜鼓神化，奉为神灵。由于铜鼓在征战、集众等社会生活中都起着重要作用，因此，在珙县悬棺岩画中，往往在嘶鸣的战马或挥戈击剑的武士旁绘有铜鼓形象，他们相信铜鼓具有神力，甚至铜鼓本身也成为祭祀的对象[50]。

（二）都掌蛮以铜鼓作葬具，在丧葬仪式中使用铜鼓祭祀祖先或神灵。“豪渠之家，丧则鸣铜鼓。”[51]祭祀时，不舞不足以感动鬼神。因而，都掌蛮敲击用于节舞的铜鼓，在铿锵鼓声的刺激下跳起粗犷而又狂热的舞蹈。“由于铜鼓有节奏的声音能引起人们精神上和肉体上的异常反应，在体验者无法对其进行科学解释的情况下，就误认为其中蕴藏着某种超自然的力量，从而对它产生了敬畏、尊重的心理。”[52]这种铜鼓崇拜的心理状态，正是行悬棺葬俗的都掌人的宗教信仰和精神世界反映。珙县悬棺岩画中丰富的铜鼓形象，不仅再现了都掌蛮对铜鼓膜拜的情景，也成为都掌蛮铜鼓文化与悬棺葬俗相互交融的历史见证。

悬棺岩画中众多铜鼓形象最本质的表现，是都掌蛮酋首和贵族生前对财富和权力的占有。尽管迄今还未曾在叙南六属之悬棺葬中发现将沉重的铜鼓与悬棺随葬，但把死者生前拥有财富和权力的标志物画于悬棺附近，满足死者升天后同样拥有财富和权力的愿望，这是都掌蛮创作岩画铜鼓形象的主要目的。由此，伴随悬棺葬俗而遗留的丰富铜鼓形象，记录下了都掌民族厚重而又悠久的铜鼓文化，向我们揭示了铜鼓文化是都掌蛮古老民族文化的重要特征。

注释

[1]（晋）张华：《博物志·异俗》，祝鸿杰《博物志全译》，第54页，贵州人民出版社，1992年。

[2][44]（元）李京：《云南志略·诸夷风俗》，江应樑《百夷传校注》附录七，第169~174页，云南人民出版社，1980年。

[3]（明）曾省吾：《确庵曾先生西蜀平蛮全录》（以下简称《平蛮全录》）卷1，《覆勘将官疏》，北京图书馆古籍珍本丛刊（9册），第39页，书目文献出版社，1988年。

[4]蒙默：《僰为僚说（上）》，《凉山彝族奴隶制研究》1977年第1期，第76、77页。

[5]《明实录·宪宗成化实录》卷53，第23册，第1067页，中央研究院历史语言研究所校印本。

[6][26][36][49]同[3]卷4，《恭进俘获古器疏》，第78页。

[7][48]曹学佺：《蜀中广记》卷70，《方物记十二》《四库全书》文渊阁本影印版，第592册（史部三五〇），第161页，台湾商务印书馆。

[8]同[3]卷11，《寄内阁张老先生书·六》，第196页。

[9]光绪《叙州府志》卷16，《金石·宜宾县》，第485、486页，《中国地方志集成》（28册），巴蜀书社，1992年。

[10]同[9]光绪《叙州府志》卷16，《金石·长宁县》，第489、490页。

[11]光绪《雷波厅志》卷34，《古迹》，第4、5页，光绪十九年刻本。

[12]同治《筠连县志》卷3，《舆地志·古迹》，第2页，同治十二年刻本。

[13]光绪《庆符县志》卷2，《图考·铜鼓图》，第32页，光绪二年刻本。

[14]同治《高县志》卷50，《金石志·铜鼓》，第1页，同治五年刻本。

[15]嘉庆《直隶泸州志》卷2，《舆地志下·古迹·九姓长官司》，第39页，嘉庆二十五年刻本。

[16]2003年12月19日《宜宾晚报》；2003年12月20日《华西都市报》。

[17]（明）朱国桢：《涌幢小品》卷4，《铜鼓》，《笔记小说大观》第二辑，第12页，上海进步书局，1983年。

[18]（清）檀萃：《滇海虞衡志》卷5，《志器》，第35页，《丛书集成初编》，商务印书馆。

[19]民国《兴文县志》卷36，《纪事》，第60页，民国三十二年铅印本。

[20]光绪《续修叙永永宁厅县合志》卷41，《食货志

五·物产·铜》，第42页，光绪三十四年铅印本。
[21] 光绪《续修叙永永宁厅县合志》卷3，《舆地·山川》，第16页，光绪三十四年铅印本。
[22] 同[9]卷20，《阬冶》，第534页。
[23][27] 嘉靖《四川总志》卷8，《叙州·土产·铜鼓》第158页，北京图书馆古籍珍本丛刊(42册)，书目文献出版社，1988年。
[24] 刘复生：《僰国与泸夷》，第61、62页，巴蜀书社，2000年。
[25] 董其祥：《四川地区铜鼓的分布及其族属研究》，《中国古代铜鼓研究会第二次学术讨论会论文集》，第170页，文物出版社，1986年。
[28]（唐）刘恂：《岭表录异》卷上，《四库全书》文渊阁本影印版，第589册（史部三四七），第81页，台湾商务印书馆。
[29] 嘉靖《马湖府志》卷5，《秩祀》，第6页，明嘉靖刻本天一阁藏本，上海古籍书店，1963年。
[30] 同[9]卷43，《外纪》，第732页。
[31] 光绪《续修叙永永宁厅县合志》卷49，《艺文志八·诗歌上》，第2页，光绪三十四年铅印本。
[32]（明）邝露：《赤雅》卷上，“‘祭枭’条”，第10页，《丛书集成初编》，中华书局，1985年。
[33] 晓帆、范仲成：《悬棺之谜·九颗印和九盏灯》，第57~63页，中国民间文艺出版社，1986年。
[34]《太平御览》卷785，《南蛮一》引裴渊《广州记》，《四部丛刊》第51册，第8页，商务印书馆1936年版，上海书店，1985年。
[35]（明）同[32]卷下，“伏波铜鼓”条，第47页。
[37]（明）谈迁：《国榷》卷69，《神宗万历二年》，第4243页，中华书局，1958年。
[38]（清）毛奇龄：《蛮司合志》卷5，《四川二》，第618页，《四库全书存目丛书》(史部二二七)，齐鲁书社，1996年。
[39] 光绪《珙县志》卷12，《艺文》，第240页，《中国地方志集成》(35册)，巴蜀书社，1992年。
[40] 蒙默：《“僰人悬棺”辨疑》，《思想战线》1983年第1期，第52页。
[41]（宋）乐史：《太平寰宇记》卷88，《剑南东道七·泸州》，《四库全书》文渊阁本影印版，第469册（史部二二七），第704页，上海古籍出版社，2001年。
[42] 林向：《中国悬棺葬学术讨论会纪要》，《文物》1981年第8期，第25、26页。
[43] 四川省博物馆、珙县文化馆：《四川珙县洛表公社十具“僰人”悬棺清理简报》，《文物》1980年第6期，第35页。
[45] 秦学圣：《“僰人悬棺”人骨初窥》，《民族论丛第一辑·悬棺葬研究专集》，第114、115页，1981年。
[46]（清）陈梦雷编：《古今图书集成》卷186，《虾蟆部·虾蟆部杂录》，第530册，第28页，中华书局、巴蜀书社，1985年。
[47] 四川省博物馆、珙县文化馆：《四川珙县“僰人”悬棺及岩画调查记》，《文史资料丛刊》第二辑，第190页（图五）、第193页（图一二），文物出版社，1987年。
[50] 汪宁生：《铜鼓与南方民族》，第182页，吉林教育出版社，1989年。
[51] 同[41]，《太平寰宇记》卷163，《新州风俗》，第470册（史部二二八），第511页。
[52] 童恩正：《试论早期铜鼓》，《童恩正文集·南方文明》，第491页，重庆出版社，1998年。

（原载《民族研究》2004年第3期）

清代、民国时期以水码头宜宾为起点的滇边岸盐路

凌受勋　宜宾广播电视大学教授

摘　要：清初，清廷对乌蒙实行“改土归流”后，以水码头宜宾为起点向滇东北昭通府、东川府和曲靖府部分州县输入犍盐以供民食，上述滇东北地区称为川盐运销的滇边岸区，这一运销方式一直延续到民国。从四川到滇东北有四条主要运盐路线，清代、民国时期，四川、云南之间的物资流动通过盐路实现了互补。盐路的畅通是川、滇人民长期努力，共同构建和维护的结果。滇边岸盐运促进了盐路沿线村落、城镇的繁荣，带动了沿线人民的经济文化交流，推动了川、滇经济发展和社会进步，是古南丝绸之路在这一时期复兴的先声。

关键词：清代、民国时期；水码头宜宾；滇边岸；盐路；南丝路复兴；贡献

清代川盐运销实行的是“行盐有引，销盐有岸”的引岸制度，以此来保障民生需求和国家税收。清廷向滇东北昭通府、东川府和曲靖府部分州县输入川盐以供民食，滇东北地区逐渐形成了川盐运销的滇边岸区。引岸制度规定厂有定商，商有定岸。为了保障盐税的征收，清代叙州府辖地也像四川其他区域一样，不论是否是盐产区，一律按户口照数配引，属川盐计口售盐之岸。[1]这种运销方式延续到整个民国时期。

清代、民国时期，川南有富、荣（“富”，富顺，清代属叙州府；“荣”，荣县），犍（为）、乐（五通桥牛华溪）两大盐场。当局分区分岸划定了销售区。滇边岸区和叙府（宜宾）计口售盐区主要由犍盐供应。宜宾是犍盐的销售集散中心。

一　盐路的构建和形成

（一）“改土归流”与滇边岸盐路的开通

1. 滇边岸盐路的主干路段以古南丝路为基础，但古南丝路至清初已经壅塞不通。

《昭通等八县图说》在论及清初昭通陆路交通时说：“全境南高北低，势颇倾

斜”“境内岭峻溪深，悬崖峭壁”“蚕丛鸟道，通辟维艰”“乌蒙倔强，历经唐、宋，元初归附，叛服靡常，是以列朝滇达中原皆舍此途，而绕他道。迄前清雍正五年改隶云南，始渐开化，归流设治，日益繁兴，遂为通川要路，但险阻依然。”[2]到民国八年，部分地方堵塞的情况仍相当严重，改土归流后处“万山崎岖之中，人稀地广，荒僻特甚”的永善县，“地渐辟，人渐聚，然而山溪之树木，屋之、薪之，炭之，用莫能尽，翳翳焉，丛丛焉，有行数程不见天日者矣。由是虎豹依之以为室家，盗劫缘之以为巢穴，昏黄而野兽入城者有之，冲途而颠越行旅者有之。雾气障天，漫入闺闼，盛夏苦寒，晴霁日少，非由树木翳荫所致欤！莅斯土者，察之其故，砍之不胜，因而火之。今溪谷道途，槁木焦黑，巨至数围，细也合抱，或立或扑，不可胜计者，皆其烬余也”[3]。

2.“改土归流”使盐路的开通成为可能。

清雍正时期，清廷在西南一些少数民族地区推行废除土司制，实行流官制的政治改革。雍正四年（1726年），云贵总督鄂尔泰在雍正帝的支持下首先平定贵州长寨土司的叛乱。不久，清廷将原隶属四川的乌蒙、镇雄、东川三土府划归云南。鄂尔泰大军摧毁了叛乱的乌蒙土知府禄万锺、镇雄土知府陇庆侯的势力，改设乌蒙府（后改称昭通府）、镇雄州[4]。“改土归流”废除了土司制度，减少了叛乱因素，加强了中央政府对云南的统治，也结束了“当未归流之初，非但川原平野为夷倮盘踞，即悬崖陡箐亦为土酋所有”[5]的酋长制度下割据、封闭的局面。

3.滇东北由四川供应盐是“改土归流”政策的一种补充措施。

滇东北的东川、昭通原属四川，分别于清雍正四年、五年改隶云南。改隶前“尽食川盐。唯山路险阻，不若舟楫之便宜，往往有缺乏之虞”[6]。其时滇东北尚处于土司割据下，对盐的运销食用，清政府对其放任自流。改隶云南后始食滇盐，大约“当是雍正七年庆福奏定食川盐矣。”[7]这是清政府对云南加强管理，增强政治影响、改善云南民生的重要措施，也是对云南实行“改土归流”大政的配套措施，即由放任自流，改为组织运销，以满足民间对食盐的需求。

《大清会典事例》记载：“四川盐行云南东川、昭通、曲靖府属之沾益、南宁、平彝三县。”[8]“自国家立法，按地销引，查滇边所销之盐，皆配自犍厂，由灶煎灶售，商运商销，于是偏僻之民始鲜淡食之虑也”“查察其应征课银，川省水引一纸，征税银三两四钱五厘，入滇陆引一张折征税银二钱七分二厘，按引照征。”[9]

清廷设立了相应的法规和川滇两省皆可以接受的征税细则。《文献通考》：“乾隆九年户部批准，以滇省东川等处盐斤不敷民食，经滇督奏请，改拨川盐接济。由犍为各厂折增陆引一千八百七十五张，自厂顺流运至宜宾，换截引纸。”[10]其间，滇岸盐区和川盐输入数量也有小的调整。《大清会典事例》：“乾隆十六年部准，应将前销南宁等地之川盐二百四十余万斤截留东（川）、昭（通）二府。又册载：乾隆二十八、九两年东昭二府民食不敷，加增川引盐一百六十四万二千二百余斤。”[11]后因咸（丰）、同（治）间四川变乱，井灶废弛，路途阻塞，岸引积滞。自光绪初年，四川设局整理盐政，改为官督商销，滇边大小口岸始一律招商承办，“大滇边”销引一千张，系东（川）昭（通）二府、宣威一州。“小滇边”仅镇雄一州，销引五百张。由是川盐源源而来。滇省此项税课并未征收，原因是四川每年财政拨给云南饷银三十五万两作为盐税的补偿。从民国以来改由云南盐井供应上述地区，但云南井盐昂贵，而且味道苦涩，始终不能畅销，民间吃的食盐仍是从四川宜宾运送来的[12]。

（二）资源跨地域调配方略下的铜盐互运

1. 疏浚南广河、关河和金沙江河道。

乾隆初年滇铜产量大增，户部厘定每年自云南运送630余万斤铜料进京，以供铸币之用。这是关系清廷命脉的头等大事，引起清廷高度重视。出于解决滇铜京运问题的需要，清廷组织力量开发运铜道路即“铜路”，疏浚南广河、关河和金沙江，乾隆七年至乾隆十二年，在清廷的直接管理下，由云贵总督张允随督工，完成了对南广河、关河和金沙江下游河道的疏浚。这就极大地改善了川盐入滇的运输条件[13]。

2. 铜盐互运，物资交流。

铜路开通后，铜船下行卸货后空载驶回云南则运输成本太高，必须解决回程的货运问题。雍正八年叙州府知府宋锷向清廷建议，“应请将四县（庆、高、筠、珙）陆引盐斤，俱从水运，则庆符县盐斤，许令站船顺带至庆符县起卸；高县盐斤，许令站船运至高县城，及沐滩上游之屯良塘汛起卸；筠连县盐斤，许令站船运至高县城及沐滩上游之沫宋塘汛起卸；珙县盐斤许令站船运至珙县之孝儿、罗星渡一带地方起卸，如此陆引尽归水运，售销仍旧，查截如前，于盐政并无改张，口岸亦无妨碍，各商并可节省运费，源源配销，而回空站船脚价得敷，彼此大有裨益”[14]。清廷采纳了宋锷的建议。经过了这样的政策调整，滇铜入川和川盐入滇达到“铜运遄行，商贩络绎，载铜而下运盐而上，舟辑便宜”[15]的合理状态。云南省贯彻“铜盐互运”的措施要慢一些，直到乾隆年间，才采取了同样措施，《大清会典事例》：“乾隆十六年部准，昭通、东川二府逼近金沙江，开运京铜，且系新辟之地，驮脚裹足不前，必须驮回川盐接济。”[16]这样，乾隆十六年整个滇边岸盐路均实现了铜盐互运。将盐路纳入了国家保障的体系。这不仅对保障盐路的畅通具有重要意义，而且对发展盐路经济带有着重要意义。

滇川铜盐互运使通过川滇叙州府、

昭通府、东川府、曲靖府的古南丝路在沉寂多年后重新活跃起来。到了清末和民国时期铜运趋于结束，滇岸盐运依然活跃，而云南土特产则通过盐路进入四川，实现了物流互补。盐路带动了沿线经济的发展，清、民国时期通过盐路由宜宾运往滇黔的主要有食盐、生丝、“匹头”（丝绸）、丝线、土布、百货、棉纱、叶子烟、皱帕等。由滇黔运送宜宾的物资品种上百，主要是山货、药材、茶叶、牛羊皮、野生动物皮、猪鬃、鸦片、桐油等[17]。“搬不完的昭通，填不满的叙府”就是对这种状态的真实写照。

（三）滇边岸盐运主要路线

1. 自宜宾水运至盐津起卸，取道石门旧道，陆运经大关、昭通，至东川

犍为场引盐在五通桥公仓放盐，下河装南河船，经岷江水道下行300里运至宜宾。改装金河船，溯金沙江上行40里至柏树溪；行50里至安边场；行50里至横江镇；行20里，至张窝场；行50里经庙口、新滩场，至庙子溪；行50里至两碗溪；行60里，经铜鼓溪、石锣滩、燕子坡、新场，至滩头汛；行50里，至普洱渡；行90里，至老鸦滩（盐津）。由宜宾至安边，溯金沙江水道里程90里，由安边溯关河水道里程370里。由宜宾至盐津水道共460里[18]由盐津县治西南行，过易渡铁桥行10里至平街；行10里，至二等坡；行10里，至黎山顶，即与大关县交界；又行30里，至豆沙关；行60里，至吉利铺；行60里至大弯子；再行60里，至大关县城，盐津至大关共240里[19]。由大关县城南行50里，至玉碗乡出水洞街首界牌沟入昭通县境；行40里至大岩洞；再行60里至昭通城，大关至昭通150里[20]。昭通行310里至东川县城[21]。从宜宾到东川计水路460里，陆路700里。

2. 自宜宾，取道金沙江水运至副官村（绥江），起卸陆运至昭通。

从宜宾溯金沙江经柏树溪，至安边场90里；行120里至屏山；行90里抵副官村。以下分为两条路，其一自副官村起卸，由城西越大汶溪，顺溪向南行40里至半边树镇，行30里抵铜厂，至中村场为一站；由中村场前行30里抵二十四冈，即绥江和永善交界地，由此下山行20里，抵永善县所属楠木坪，再行40里至桧溪为第二站；由桧溪行90里至锅圈滩为第三站；又行70里至老新场为第四站，行90里至黄葛树为第五站；行60里至黄坪（即黄草坪）为第六站；前行70里至永善城为第七站；前行70里至新甸子为第八站；前行35里至黄泥坡与昭通交界处，又行35里至洒渔河，再行40里抵昭通城，计300里水路，720里陆路[22]。此为正路。其二，仍沿大汶溪前行40里至半边树镇，过溪前行20里抵板栗坪，又行40里至关口为一站；由关口行30里至罗汉坪，又行20里至桃子坝交盐津界，再行40里至串丝坝为第二站；行60里至普洱渡为第三站，总计宜宾至副官村水路300里，副官村至普洱渡陆路250里，至此合关河大道抵昭通[23]。

3. 自南广取道南广河，至罗星渡，起卸转陆运抵镇雄。

由南广上峒溯南广河行 40 里至月口；行 30 里至大窝；行 30 里至来复渡；行 60 里至庆符县；行 20 里至高县；行 30 里至嘉乐场；行 70 里至平寨；行 50 里至罗星渡。自此起卸转陆运，行 60 里经王家场至三岔河；行 20 里翻四里坡原始森林至黄水河；行 60 里至斑鸠沟；行 30 里至雨洒河；行 15 里至黑泥孔；行 15 里至六井；行 30 里至古芒部；行 15 里至梭步岭；行 17 里至板桥；再行 30 里抵达镇雄城[24]。总计从南广溯水行船 330 里，至罗星渡。从罗星渡起卸行 292 里陆路抵达镇雄。

上述三条路线均是从宜宾出发，先取水路溯水上行，然后起卸取陆路抵达主要目的地，若遇汛期，即每年的 5 月至 10 月，南广河、关河、金沙江水涨则不能行船。在 5 月至 10 月间必须寻找一条从宜宾出发全是陆路的运盐通道。

4. 从宜宾南岸出发取陆路经赵场、筠连至盐津。

从宜宾城南岸青草坝出发，行 15 里至牧师塘；行 15 里至赵场；行 15 里至薄刀岭；行 25 里至双河场；行 20 里至来复场；行 15 里至黄沙槽；行 15 里至观音坡；行 15 里至庆符；行 5 里至黄水口；行 17 里至高县；行 15 里至三岔步；行 18 里至落润坎；行 12 里至罗场；行 10 里至陈村；行 10 里至马槽子；行 10 里至横店子；行 6 里至海瀛乡；行 12 里至筠连县城。宜宾至筠连县城 250 里[25]。

从筠连县城至云南盐津 120 里。其路线有二，里程相同：其一，自县城行 7 里半，至木杉坝；行 7 里半，至水潦塘；行 15 里至三石岩；行 20 里，至丰乐场（即塘坝）；行 10 里，至新十二拐；行 10 里，至牛塘坝；行 10 里，至云南麻柳坪场；行 20 里，至吊楼子；行 10 里，至郑家坝；再行 10 里，至盐津。其二，自筠连县城行 15 里，至水潦塘；行 23 里，至营敞坝；行 22 里，至牛皮寨子；行 50 里，至郑家坝，再行 10 里至盐津县城。宜宾至盐津县陆路 370 里[26]。沿途皆有马店，特别是与宜宾栈房街、走马街一河之隔的金沙江南岸青草坝一带，有马店 12 家，可日宿驮马一千多匹[27]，为这条道路，提供了有力的后勤保障。

从宜宾南岸经赵场、薄刀岭、筠连达盐津的盐路是清代、民国时期宜宾至盐津距离最短的一条路，民国时期被确定为叙昆马路的基础路段。但近来，有研究者认为从宜宾经燕子坡至盐津的路才是主要的运盐通道。此路从宜宾出发，沿江行 40 里至柏树溪；行 50 里至安边；行 50 里至横江；行 110 里，经捧印村、燕子坡，至三仙桥；行 15 里至滩头；行 50 里至普洱渡；再沿朱提江东岸南行 90 里至盐津县的路道，总计陆路为 405 里[28]。为什么从宜宾经横江、燕子坡至盐津这条路不是滇边岸运盐的主要道路呢？理由如次：较之从宜宾南岸经赵场、薄刀岭、筠连达盐津的路，经燕子坡这条路不仅要多走 35 里，而且路道全是沿着金沙江和关河河道走，必须渡过金沙江，这种路线在汛期几乎是不可能实现的；沿途注入金沙江和关河的溪流水涨，阻碍道路，在汛期沿江路道多处为洪水淹没，很难在汛期用作盐运道路；滇边岸盐运都是将船运来的盐及时转运走，不做大量的库存，这也是盐运经济成本核算决定了的，横江在汛期不可能有大量的盐囤积，供燕子坡陆路转运。所以正如民国盐津县志结论的“平时驮运通川马路以至筠连塘坝为大道”[29]（彩版七）。需要指出的是燕子坡陆路仍是这条路附近住民食用盐的通道，依然有盐从此路运输通过。这也是容易造成认为这条路是主要盐路错觉的原因。

二　盐路的维护和盐运的保卫

（一）盐路的维护

1. 修建（或重修）桥梁。

因桥梁毁损会造成交通中断，新修或修复桥梁理所当然列为维护的首位。宜宾经筠连，至盐津道上大塘口七星桥，此处“两山壁立，河流其间，为川滇孔道。每逢春夏之交，洪涛暴涨，猛浪弥大，征夫返驾，商贾绕途，欲济无舟。”“爰有里人叶腾银、李高鹏、詹运登、曾怡顺、黄瑛、宋明钊等，倡首公益，募化捐资，于前清同治庚午造成铁桥，行人称便，而因资从简，功以不固，旋修旋没，如是者三”“同人鉴此，乃于民国戊辰，复行捐资改造。”[30]宜宾经珙县王家镇至镇雄道上的云川桥，桥原为清代所修，“黄水河系滇川接壤之域也，岸高滩陡每遇夏秋，溪水暴涨，涌激弥漫，行人睽隔，公私阻困”[31]。后有张姓、徐姓绅士先后捐资修桥，但桥建成后不久即被洪水冲毁。民国二年镇雄厘金局长吴秀升独力捐资筹划重修云川桥。民国三年桥建成。同年8月王家镇乡绅民众聚集在川滇交界处黄水场云川桥上，将镌有“惠溥云川”四字的碑立于桥头四川侧（图一）。碑上具名的王家镇各界人士共27名。领衔的王家镇士绅杨惠安题“惠溥云川”额，邓熙尧撰碑序[32]。《民国昭通县志稿》记载：“昭城各处水系萦绕全境，历年急公好义之士，捐资建桥梁于交通断绝处，以利行人。石建、木造，名目甚夥。”[33]叙府和昭通所属各厅县地方志中有大量的由民间集资新修或修复桥梁的记载。

2. 维修道路。

由盐津至横江大道，年久失修，民国三十四年9月两地人士合作修理之[34]。“沙拉林距彝良五十里，为昭镇通衢，泥泞险阻，莫此为甚，司马王……倡捐劝募，命匠分段承领修砌。不数月，变沮洳为坦途，汉夷靡不称便。”[35]宜宾经横江至盐津的滩头燕子坡段，据嘉庆八年“三

图一　“惠溥云川”碑（2015年5月凌受勋摄）

河粑粑店‘永垂不朽’修路碑”（图二）记载，为了维修这段路，相关人士特意邀约了一个“会”，由会首伍洪伦主持对历久损坏的路道进行了维修，有村民 21 人参加，其中“伍洪伦修路八丈，陈友兴、□□□、邓尚久各二丈，□□□、杨□、□□□、王尧辉修路二丈，杨朝荣、熊文亮、□□□、李万□、欧长洪修路二丈，杨朝荣、□□□、彭□仕、□□□、□□□、王廷相修路二丈。伍芝栋出□丈，陈有凤出□□丈”共修路 20 丈[36]。据《大关县志稿》记载：关河江道人，四川铜梁人，初入滇经商，目睹道路崎岖，乃发愿修理。关津一带道路长约数百里惟云台山尤险峻，江道人主持极力开拓。遂命其徒张志清督工于此，张为岩击毙仍不改初心。数年以后始告成功，创修殿宇于其上，复增修店房数间，以作行商住宿之所[37]。

抗战期间，国民政府重点对宜宾—筠连—盐津陆路进行了培修。1938 年对此路宜宾至经赵场至双河段 75 里古道进行了培修。现存赵场牛洗滩石板路面约

图二 “永垂不朽”修路碑
（2016 年 6 月凌受勋摄）

30 米，路宽 2.5 米左右，可容纳两匹驮马对面穿行[38]。塘坝古道现仅存川丰村上油坊一段约 50 米，宽约 2 米的路[39]。从残存路面大体仍可看出当初筑路工程的艰巨。盐津县完成了对这条驮马大道的培修工程：黎山顶至张家沟南、分岔处北，长 6000 米；张家沟至新老街间，长 485 米；黄泥坡上坡，至姑家坳口，长 83 米；郑家坝下坡至甘溪沟北，长 68 米；硫磺沟北上坡至硫磺坳上，长 450 米；蚂蝗坳下至河边，长 500 米；硫磺坳下坡至南昌坳间，长 10000 米；马地坪北上坡，长 20 米；南昌坳北上坡，长 300 米，南昌坳北下坡，长 80 米；牛塘坝坝子南部，长 200 米；丫口上兴隆坝间，长 500 米。合计长 18 公里 686 米[40]。

（二）盐运的保卫

滇边多匪患。地方文献资料上记载了大量清民国时叙府、昭通所属各县厅匪患事实。土匪在川滇边境活动尤甚。《昭通八县图说》：“清末匪患，原在川境，伏窜排山山脉一带，仅为截径夜劫。鼎革后，据窃石城山燕子坡一带，掳人勒赎，扰及大路，然尚在边境矣。今乃深入梨山山脉一带，超越包围绥江、盐津两县，蔓延井桧、永善、牛街、威信等地，劫寨攻城，时有所闻。”[41]“昭境之匪，以川黔为来源，以凉山为退路，以山林为根据，以单村为巢穴”“壤接川黔，盗匪充斥，山深林密，剔治颇难”[42]。土匪的活动极大地影响了盐路安全。打击匪徒，保卫盐路成了川滇官方和民间的共识。清末各县依靠民团为护路的主

要力量。至民国2年，宜宾县商会，报经宜宾县署批准，组建“宜宾县商团”武装。共60余人。民国5年宜宾县商团在原有的基础上扩大为4个大队，并改名为“叙属保商队”。第一队护送嘉定至宜宾沿线；第二队护送宜宾至盐津沿线；第三队护送由宜宾至南路各县，及到镇雄；第四队护送自流井至宜宾沿线，向各商家每年抽收保商经费[43]。由于匪情严重，之后各保商队与地方封建把头结合纷纷扩张，其中第二队横江肖席珍力量最大，拥有两千多人（枪），对维护盐路的畅通起了很大作用[44]。

结 语

盐路的畅通是川、滇人民长期努力，共同构建和维护的结果。滇边岸盐运促进了盐路沿线村落和城镇的繁荣，活跃了沿线人们的经济文化交流，推动了川、滇经济发展和社会进步，是古南丝绸之路在这一时期复兴的先声。

注释

[1] 陈世松：《元明清时期四川的手工业》，第243页，《四川通史：第五册》，四川大学出版社，1993年。

[2][41][42] 陈秉仁：《昭通等八县图说》，《昭通旧志汇编：二》，云南人民出版社，2005年。

[3] 顾海：《劝种树说》，《昭通旧志汇编：三》，第798页，云南人民出版社，2005年。

[4][5]戴芳，马洲：《恩安县志稿》，《昭通旧志汇编：一》，第74、75页，云南人民出版社，2005年。

[6][8][9][10][11][12][16] 符廷铨，蒋应澍：《昭通志稿》，《昭通旧志汇编：一》，云南人民出版社，2005年。

[7] 丁宝桢：《四川盐法志：卷9》，《云南边岸》，《续修四库全书》第842册第178页，中华书局，1995年。

[13] 凌受勋：《清代叙州府交通开发研究》，《宜宾学院学报》2011年第9期，第1、2页。

[14][15] 敖立榜：《高县县志》，同治五年刻本。

[17] 苏秉臣：《宜宾山货药材市场》，《文史资料汇编：第六辑》，2008年。

[18][19][21][28][29][34][40] 陈一得：《盐津县志》，《昭通旧志汇编：六》，云南人民出版社，2005年。

[20] 张铭琛：《大关县志》，《昭通旧志汇编：五》，云南人民出版社，2005年。

[22][23] 钟灵：《绥江县县志》，《昭通旧志汇编：三》，云南人民出版社，2005年。

[24][35] 宋成基，陈维汉，雄焯勋：《光绪镇雄州志》，《昭通旧志汇编：四》，云南人民出版社，2005年。

[25][26][30] 祝世德：《筠连县志》，成文出版社，1976年。

[27] 陈列平：《宜宾栈房街市场》，《戎城史志》1988年第2期。

[31][32]出自邓熙尧的“惠溥云川”碑序（民国三年）。内容依据“惠溥云川”碑序记载，此碑现立于王家镇四里坡大海子。碑序全文见附录。

[33] 卢金锡：《民国昭通县志稿》，《昭通旧志汇编：一》，云南人民出版社，2005年。

[36] 周基华：《关河流域燕子坡秦五尺道遗址调查》，《宜宾史学》2013年。

[37] 王心田：《大关县志稿》，《昭通旧志汇编：五》，云南人民出版社，2005年。

[38] 2015年6月笔者在赵场进行盐路田野调查时，发现盐路上的牛洗滩桥和残存路面，并向当地80岁以上的村民调查了1938年修路的相关情况。经实测，残存路面系由长约1.25、宽0.40、高0.11米的石板铺成，路面宽度达到2.5米左右。

[39] 此情况系2014年11月笔者对筠连塘坝田野调查时所得。

[43] 宜宾市工商联：《建国前宜宾县商会纪略》，《宜宾经济史料专辑：第七辑》，第62、63页，1989年。
[44]《南路诸侯肖席珍》，《丁芝萍 刘文彩在宜宾》，第134页，中国文联出版社，2009年。

附录

2005年4月以来笔者在王家镇进行了3次田野调查，在四里坡大海子逐字抄录了碑序全文（标点为笔者所加）：

重修云川桥序：立功，斯言也，斯义也，古今来能体而行之者也鲜矣哉。夫功德固在人为，而功德之□行又非其人□□□。滇省镇邑吴君秀升□□□□河厘务顾。黄水河系滇川接壤之域也，岸高滩陡每遇夏秋，溪水暴涨，涌激弥漫，行人睽隔，公私阻困。前张君□，曾约众士，捐修卷桥，历年不久，为洪水湮灭。嗣徐君辅臣，亦协力捐造，未藏厥事。由是商旅叹苦，□也，久矣。兹吴君再握厘务，目横溪之险阻，悯过客之艰难，独力捐资，一心造福，聚石为徛，横木为行，不数阅月。盖斯桥也，南接滇黔，北达秦蜀，地虽幽僻，路厄要冲，此桥一成，逞者后先者，续者宦者，游者商者，贾者骑而驶，负而驱，秉禾载筐，负籍游学，与凡一切，男妇老稚，疲癃残疾而无告者，皆得由此而利济焉。今而后履斯桥者，未尝不叹立德立功之不朽乎！虽然一桥之微，奚足以罄吴君之大，吴君权操富国，意寓关议，好究潜踪，行旅无涯，以及花村陇亩相□□□□深林箐之右，而俾我云川锁钥，得以安然于过渡时代，此无形之功德其为惠不尤钜于桥哉，抑我蜀帮人士所不能忘情也。爰之赞曰：东征东征，载寒载暑，靡刀靡苇，无险无阻，勒诸瑱珉，昭垂万古！

四川珙县邓熙尧鞠躬敬序、邓兴宗脱帽恭贺、杨熙隆题联并书、邹永焯、王仕光、邓家庆、袁国珍、杨兴周、周玉顺、杨显周、刘永昌、邓家斌、邓兴镛、胡元德、李子章、王定邦、王登周、熊吉安、潘志道、王钟高、王宗宪、罗福兴、廉崇兴、江吉堂、宋得胜、李世全、童子璋同贺。

中华民国三年八月□□号
匠士李春廷（刻石）

（原载《宜宾学院学报》2015年第10期）

"执镜俑"所执为纨扇考

郭军涛　四川博物院博士
周艳明　文物出版社编辑

汉代墓葬随葬的陶俑中（部分晚至蜀汉时期），有一类左手或者右手执有一圆形物，或坐或立，学界一般将之名为"执镜俑"。已有多位学者对此类陶俑做过考证，认为其应该为"执扇俑"[1]，手中所执之物当为扇，本文赞同此观点。

笔者因工作之故，近距离观摩了四川博物院所藏的数件"执镜俑"，认为研究尚可再深入。在已有研究的基础上，本文尽可能全面搜集与"执镜俑"相关的考古文物资料，再结合其他相关资料，试对此问题再做一梳理。

一　"执镜俑"的考古发现及分类

首先，本文对已公布的"执镜俑"做一统计，列表如下：

出土执镜俑统计一览表

出土单位	墓葬形制	性别 / 造型	时代	资料来源
双流县青岗村 M6	砖室墓	女 / 坐式	东汉初至中晚期	《成都考古发现》2010 年
新都县马家山 M2	崖墓	女 / 立式 / 执物不明	东汉晚期	《文物资料丛刊》第 9 辑
新都县马家山 M4	崖墓	女 / 坐式	东汉晚期	《文物资料丛刊》第 9 辑
成都天回山 M3	崖墓	女 / 立式 / 提履	东汉晚期	《考古学报》1958 年第 1 期，图一右一
新都马家山 M22	崖墓	女 / 立式 / 提履	东汉	《四川文物》1984 年第 4 期
成都曾家包东汉墓	砖室墓	女 / 立式 / 提物不明	东汉晚期	《文物》1981 年第 10 期
金堂县李家梁子 M23	砖室墓	女 / 坐式	东汉晚期	待刊，成都文物考古研究院
遂宁东汉崖墓 M5	崖墓	女 / 立式 / 提履	东汉中期	《考古》1994 年第 8 期

续表

出土单位	墓葬形制	性别 / 造型	时代	资料来源
宜宾市山谷祠 M1	崖墓	女 / 立式 / 提物不明	东汉晚期	《文物资料丛刊》第 9 辑
开县红华村 M1	崖墓	男 / 立式 / 抱琴	东汉晚至蜀汉	《考古与文物》1989 年第 1 期
巫山麦沱 M47	砖室墓	女 / 立式 / 提袋状物	东汉晚期	《考古学报》2005 年第 2 期
忠县涂井 M5	崖墓	女 / 立式 / 提袋状物	蜀汉	《文物》1985 年第 7 期
丰都杜家坝 M1	砖室墓	女 / 立式 / 不明	蜀汉晚期	《丰都镇江汉至六朝墓葬群》2013 年
丰都杜家包汉墓 M2	砖室墓	男 / 立式 / 提袋状物	东汉中后期	《重庆库区考古报告集》1999 年
重庆丰都槽坊沟 M9	砖室墓	女 / 立式	东汉安帝时期	《重庆库区考古报告集》2001 年
丰都包肚山墓地 M6	砖室墓	男 / 立式 / 提袋状物	蜀汉	《丰都镇江汉至六朝墓葬群》2013 年
		女 / 立式 / 遗失		
郫县宋家林东汉墓	砖室墓	女 / 坐式	东汉	四川博物院藏，图一左一
双流区九倒拐崖墓	崖墓	立式 / 提袋状物	东汉	四川博物院藏，图一右二
绵阳出土		女 / 坐式	汉代	四川博物院藏
金堂县青江东汉墓		坐式	东汉	四川博物院藏
成都市天回山汉墓		立式 / 提履	东汉	四川博物院藏
金堂赵镇一致村		女 / 坐式	东汉	《金堂文物》，图一左二

四川博物院还收藏有一件女坐式“执镜俑”，数据库资料显示为成都将军碑唐大中九年墓出土，根据此俑特征判断，当为东汉时期陶俑，或可认为出土信息有误或是东汉陶俑随葬于唐代墓葬。

另外，跟“执镜俑”形象相同或相近的还可见于画像石之中。1966 年山东费县垛庄镇潘家疃出土画像石之乐舞百戏画像中，最右侧女主人身后站一侍者，其手中执圆形之物，似在摇扇[2]。1972 年出土于山东临沂市白庄的画像石之乐舞、车马出行画像中，也可见手执圆形之物的形象[3]。山东嘉祥蔡氏园画像第 3 石上，一乘车者手中拿圆形之物[4]，沈从文先生认为是纨扇[5]。河南新密打虎亭汉墓壁画中也可见一女子手执圆形之物的图像[6]。1956 年安徽省宿县褚兰一号墓前室西壁额枋之观舞图画像石中，有七位舞者手执圆形物跳舞，前室东壁南端画像石中，也有五位手执圆形物的

图一　执镜俑

舞者；褚兰二号墓前室西壁，墓门南侧第五格画像石中，最右侧人一手执便面，另一手执圆形之物[7]。1991 年安徽灵璧县九鼎镇发现一画像石中，第二层可见一男子手执便面居中，其身后左右两侧各有两个头戴花冠插发笄的女子，手中均执圆形之物[8]。四川新津崖墓画像石中，可见有人斜握圆形物的画像，根据旁边榜题可知该形象当为墓主赵椽[9]。成都曾家包汉墓 M1 西扇墓门背面和 M2 墓门外面就可见"执镜"画像，两者均为立像，前者为头挽高髻，身着广袖长服，左手"持镜"的女者形象；后者两扇门上均可见头挽高髻，广袖长服，"持镜"女者的形象[10]（图二）。

综合现有考古资料，我们可以看出来，"执镜俑"迄今仅见于川渝地区，时代均集中在东汉中晚期至蜀汉时期；能辨性别者，以女性为主，也可见男性。根据"执镜俑"的造型，可将之分为坐俑和立俑两种：坐俑为双膝屈而接地，臀股贴坐于双足跟上，上身保持端直，均为左手执拿圆形物于胸前，右手半握置于右膝之上；立俑均为右手执拿圆形之物，

图二　成都曾家包汉墓 M1、M2 墓门所见执镜形象

左手形态各异，可见有提袋者、提履者、抱琴形物者、执物不明或遗失者等。画像石中与“执镜俑”相近的形象在山东费县、临沂、嘉祥，安徽宿县、灵璧，四川成都、新津等地均可见，其造型以立式为主，而且可见将圆形之物作为舞蹈道具的，时代多集中于东汉时期。

二　考古所见汉代铜镜的执拿方式

在搜集资料过程中，笔者注意到，对于陶俑和画像石造像手中执拿之物的认识有铜镜[11]、团扇和鞞舞所执的扇鼓等几种说法。其中以铜镜最为普遍，考古简报、报告一般也将上述陶俑、画像石等称为“执镜”形象。

汉代铜镜如何执拿和使用，根据资料是可以复原的，在梳理汉代与铜镜使用方法相关的考古发现的基础上，本文试对汉代铜镜的使用方法做一考定。据现有资料可知，汉代铜镜的使用方法大致可分为揽镜自照和置镜于镜台上两种。

前者一般均在镜纽上系组紃，使用时手执系于纽上之绦带。1973年湖南长沙马王堆一号墓出土龙纹铜镜一枚，镜纽之上的绶带保存完好[12]（图三），真实再现了西汉初期铜镜的使用方法。

除此而外，在画像石和墓葬壁画中，揽镜自照的形象也多有出现。此种形象以梁高行的故事最具代表性。《列女传·贞顺传》记载：

高行者，梁之寡妇也。其为人荣于色而美于行。夫早死，寡不嫁。梁贵人多争欲取之者，不能得。梁王闻之，使相聘焉。高行曰：“妾夫不幸早死，先狗马填沟壑，妾宜以身荐其棺椁。守养其幼孤，曾不得专意。贵人多求妾者，幸而得免，今王又重之。妾闻：‘妇人之义，一往而不改，以全贞信之节。’今忘死而趋生，是不信也。见贵而忘贱，是不贞也。弃信而从利，无以为人。”乃援镜持刀以割其鼻曰：“妾已刑矣。所以不死者，不忍幼弱之重孤也。王之求妾者，以其色也。今刑余之人，殆可释矣。”于是相以报，王大其义，高其行，乃复其身，尊其号曰高行。……

此故事在汉代画像石和墓葬壁画中多有出现。现在所见最早的是河南洛阳西汉晚期八里台壁画[13]，此场景中有两个人物，左侧女子左手举一面很大的镜子，右手执一剪刀清晰可见；右侧女子侧向左侧女子站立。根据画面中女子、镜子、剪刀等元素，可确定这幅画像讲

图三　长沙马王堆一号汉墓出土铜镜

图四　新津县邓双镇崖墓出土十三号石棺梁高行故事

图五　山东沂南汉墓画像石所见镜台图像

述的就是梁高行故事。画像中镜纽上所系绶带清晰可见，女子手执镜纽上的绶带自照。有学者对汉魏六朝时期的梁高行、镜子和妇容做过专题研究[14]，认为铜镜是梁高行故事程式化必备的元素。梁高行故事还见于山东嘉祥武梁祠画像石中[15]，该画像有榜题，对于认识该题材大有裨益；四川新津县邓双镇崖墓出土十三号石棺[16]（图四），四川新津崖墓出土石棺[17]，邹城卧虎山 M2 北椁板外侧壁画像[18]等。以上梁高行形象铜镜执拿均可分辨出是手执镜纽，刻画精细者，镜纽所系绶带清晰可见。

汉晋绘画中还有一种照镜梳妆的图像，此类图像见于山东武梁祠前石室后壁小龛西壁[19]、嘉祥南武山祠堂正壁楼阁上层[20]、宋山 3 号小祠堂[21]，安徽灵璧县征集祠堂后壁画像石[22]、九鼎镇出土画像石上层画像[23]，河南南阳英庄汉墓画像石[24]、南阳出土画像石[25]等，这些图像中同样可以清楚地看到，揽镜自照都是手执镜纽上所系绶带。

除了揽镜自照之外，当梳理鬓发、涂饰脂粉、簪戴首饰的场合，则须置镜于镜台上。此种图像见于山东沂南汉墓后室南部支撑过梁石的下格画像石中，可见左侧一人手执镜台[26]（图五）。成都羊子山 M1 中室画像石梳妆场景中，帷幔左侧上方有一女子跽坐席上，其前面地面上摆放着一个镜台[27]。又 1984 年安徽马鞍山雨山乡安民村林场朱然墓出土的贵族生活图漆盘上，中层梳妆图可见一女子跽坐于镜台前，对镜梳妆[28]；而且这一批漆器有些底部有“蜀郡作牢”铭文，可知这批漆器为四川地区所造，漆器所现场景应该是当时四川贵族生活的真实写照，还原了汉代四川贵族将铜镜置于镜台上梳妆的实况。

与镜架相关的考古发现还有 1959 年发掘的河北省定县北庄中山王刘焉墓，该墓出土一件鎏金镶嵌绿松石云纹铜镜架[29]。1992~1993 年，山东淄博商王村出土铜镜有一枚可见竹制镜架[30]。2007 年重庆涪陵点易墓地 3 号墓出土镜架，镜架附于镜背，为木质束腰多棱杆，另有几件小圆柱和少量金箔，应是作为铜镜的附属物；两件多面体束腰木杆形制规整，一面上粘接有金属条状物，虽已炭化，但木质坚硬，长度各约为铜镜的半径，当是作为镜架使用[31]。美国奈尔逊艺术博物馆藏东汉八连弧云雷纹镜，附有配套的鎏金铜镜台，其底部为圆座，中立支柱，柱顶分叉，扩展为左右对称的半圆弧形窄槽，两端饰龙头，铜镜嵌在槽里，可装可卸。

此种使用方式还得到了魏晋时期相关资料的证实，如《女史箴图》为南北朝时期的绘画作品，其所记录的是去东汉不远的魏晋时期的生活场景，其中第四段场景“人咸知修其容”中，一立柱式镜台树立在画面中心，镜台由黑色丘垄形底座、中心立柱、柱中浅方盒、柱顶铜镜组成（图六）。从图像推测，铜镜是被穿过镜纽的短横条固定于镜架之上，镜台造型与沂南画像石一侍女手中所执之物相似。这些考古资料和传世画作为我们真实地再现了汉魏时期镜台的使用方法和场景。

另外，春秋到西汉的铜镜中，有一类为有柄铜镜，在我国河南、云南、四川、西藏、新疆等地均有出土。有学者对我国西南地区战国、西汉出土的有柄铜镜做过研究[32]，认为西南地区带柄镜的最初来源应该与欧亚草原古代游牧民族有关。那么“执镜俑”及与之相关的图像中，圆形物是否有可能为有柄铜镜？答案是否定的。因为在山东东平后屯壁画墓西壁墓门北侧上层壁画中，有梁高行故事的壁画，壁画中梁高行手执的就为有柄铜镜[33]。

图六 《女史箴图》所见对镜梳妆图像

总而述之，汉晋时期画像石和壁画中所见的铜镜使用方法是置镜于镜台上和揽镜自照两种。为了使观者不对铜镜产生误解，一般都会对铜镜镜纽上的绶带和执拿方式做特别的强调和表现，此种执拿方式一直延续到了唐宋甚至更晚。

通过观察，我们可以知道，汉代无论是汉俑还是画像砖、画像石中的造型刻画，都是给人以明确的信息，也就是说人们通过观察，可以明确地知道相关造型是什么。仔细观察“执镜俑”，一般都是单手捏执所拿之物的下部，此种执拿方式表示所拿之物很轻。而汉代所见铜镜一般还是有相当重量的，若按照“执镜俑”的执拿方式，基本是拿不稳的，加之铜镜在汉代还属珍贵之物，一般是装于镜匣中，使用时再取出，将铜镜执于手中与常理不合，故从侧面可佐证“执镜俑”所执之物不是铜镜。另“执镜俑”手中所拿之物都是执于胸前，其执拿方式与所见铜镜执拿方式不同；再者，若其所拿为铜镜，此种执拿方式不能给人以确定的信息。可见将“执镜俑”及其相关图像中的圆形物认为是铜镜，与现有考古资料不符。

三 “执镜俑”及其相关图像中的圆形物当为纨扇

前面已经说过，本文赞同“执镜俑”及其相关图像中的圆形物为扇，而且当为纨扇。根据相关文献记载，西汉成帝时的班婕妤有《怨歌行》五言古诗来咏纨扇，班固亦有《白绮扇赋》，可见用丝织品做纨扇可能早到西汉时期。沈从文先生对我国扇子史做过全面的梳理，认为我国的扇子起源很早，但是具体的图像记录要到战国时期；两汉魏晋时期，便面是扇子的主流；“纨扇”即“团扇”，在汉代就已经出现，真正流行是在唐宋二代[34]。通过观察“执镜俑”和画像石中的相关形象，我们可见其手中所执圆形物有以下两个特点：一是用阴线刻画出圆形物的边框；二是刻画精美者，圆形物下部均有一条横线，明显是刻意为之。

安徽宿县褚兰汉墓所见画像石中，将手执圆形物体作跳舞状的图像名为“鞞舞”。“鞞”即“鼙”，《说文》曰：“鼙，骑鼓也。”《释名》曰：“鼙，裨也，裨助鼓节也。”《周礼·夏官·大司马》有：“旅帅执鼙。”可见，鼙鼓是中国古代军队中用的小鼓，汉以后亦名骑鼓。鼓的形象在汉画像石中有清楚的表现，如建鼓在画像石中多有出现，若鞞舞所执之物为鼓，汉画中应该有具体的表现。根据观察，安徽宿县褚兰汉墓所见鞞舞图像中，其手中所拿圆形物的刻画方式与前述“执镜俑”所拿物品刻画方式一样，均沿圆形物边缘刻有一道阴线，圆形物下端五分之一处有一条横的阴线，故二者当为同一物，不是鼙鼓。

1973年湖南长沙马王堆一号墓出土小竹扇1件（图七），墓中遣册称之为“小扇一锦缘”，竹扇骨和边缘裹以锦条；另有1件与小竹扇形制相同的大竹扇，遣册称之为“大扇一”[35]。此类器物既可以用来扇风取凉，出行若遇熟人不便招呼时，也可遮挡面部，故又称为“便面”，后世多以便面代称扇，其实二者是同一物。汉代陶俑、画像石、墓葬壁画中均可见拿方形便面的图像[36]。另外，安徽宿县褚兰东汉墓画像石中，可见方形便面与纨扇同时存在的图像（图八）。

另外，我们还可以通过魏晋南北朝时期的相关图像来佐证“执镜俑”及其相关图像中圆形物是何物品。辽宁棒台子魏晋间墓葬壁画中，女主人身后侍者手中执一圆形物，画面刻画逼真，可判断其为纨扇[37]（图九）。此扇下半部分有道横线，横线以下区域涂黑，隐约可见扇柄固定于此区域。河南邓县南北朝画像砖墓出土贵妇出游画像砖中，其中一贵妇手持团扇[38]（图一〇）。团扇系用凸弦纹刻画，真实地再现了当时团扇的特征；团扇下端那一条横线所划分出来的区域，正好是固定扇柄的区域。

前文已述，部分刻画精美的圆形物有边框，下部有一条刻意为之的横线，这些特征对于确定“执镜俑”手中所拿

图七　长沙马王堆一号墓出土小竹扇

图九　辽宁棒台子魏晋间墓葬壁画所见纨扇图像

图八　安徽宿县褚兰二号墓画像石所见方形便面、纨扇图像

图一〇　河南邓县南北朝墓出土贵妇出游画像砖

之物具有至关重要的作用。我们从马王堆一号墓出土竹扇可知，扇的边缘均用锦条包边，那么圆形边框就应该是纨扇包边的表现。通过与南北朝时期纨扇图像的对比，我们可以确定圆形物下部横线是固定扇面丝织物和安装扇柄所用，故更加坚定了“执镜俑”及其相关图像中圆形物为纨扇的结论。另外，“执镜俑”和相关的同类图像中，还没有可确定有柄者。这当是受造像材质所限，用陶土做扇柄易碎易断，十分困难；石材受雕刻工具和画像石古拙风格的影响，对精细造型要求不高。即使如此，部分图像还是对可以表明圆形物作用的细部特征做了刻画和强调。

根据现有文献，有一个非常有意思的现象，就是从东汉开始到魏晋时期，文人咏诵扇的诗赋突然多了起来。据《北堂书钞》记载，汉晋时期张衡、班固、班婕妤、傅毅、曹植、陆机、潘岳等都曾有咏诵扇的诗赋。根据这些诗赋可知，扇的形状或规或矩，即有圆有方。正好与“执镜俑”及其相关图像大量出现的时间相合。文献记载中，有晋安帝节奢饰禁绢扇，《晋书·安帝纪》记载：“（义熙元年）五月癸未，禁绢扇及摴蒱。”由此可知，纨扇在汉晋时期当是一种奢靡的物品，非常人所能使用，其在汉代虽已出现，但在魏晋时期并未流行，大流行要到唐宋时。

结　语

通过以上梳理，我们可以确定，“执镜俑”应该更名为“执纨扇俑”，画像石、墓葬壁画中与之相近的图像所执圆形物均应该为纨扇。

有学者对四川地区汉晋陶俑做了综合研究，认为四川地区陶俑最早出现于西汉武帝时期，其出现是受中原文化特别是关中地区已流行近百年陶俑随葬习俗的影响。执纨扇俑是集中在东汉中晚期出现的，这一时期正是四川区域特色俑群形成时期[39]。画像石、墓葬壁画中所见的执纨扇形象并不仅见于四川地区，其他地区有早于四川地区者，故四川地区此类图像可能是受山东、河南等地影响。在吸收平面的执纨扇形象之后，四川地区创造性地流行起了圆雕的执纨扇俑，成为了仅见于四川地区而且是该区域最具代表性的陶塑艺术形象之一，是一个将外来文化因素吸收内化为自身特有文化特征的一个绝好的例证。

注释

［1］郑岩：《中国表情：文物所见古代中国人的风貌》，第 70 页，四川出版集团・四川人民出版社，2004 年；任平山：《四川汉“执镜俑”当更名为“执扇俑”》，《中华文化画报》2013 年第 10 期；张琴：《汉代“执镜俑”定名刍议》，《文物天地》2018 年第 3 期。

［2］中国画像石全集编辑委员会：《中国画像石全集 3：山东汉画像石》，图八六，山东美术出版社，2000 年。

［3］同［2］，图七、八。

［4］朱锡禄：《嘉祥画像石》，第 15 页图 9，山东美术出版社，1992 年。

［5］沈从文：《扇子史话》，第 27 页，万卷出版公司，2005 年。

［6］河南省文物研究所：《密县打虎亭汉墓》，文物出版社，1993 年。

［7］王步毅：《安徽宿县褚兰汉画像石墓》，《考古学报》1993 年第 4 期。

［8］中国画像石全集编辑委员会：《中国画像石全集 4：江苏、安徽、浙江汉画像石》，图一八〇，山东美术出版社，2000 年。

［9］中国画像石全集编辑委员会：《中国画像石全集 7：四川汉画像石》，图二二，河南美术出版社，2000 年。

［10］成都市文物管理处：《四川成都曾家包东汉画像砖石墓》，《文物》1981 年第 10 期。

［11］陈长虹：《汉魏六朝烈女图像研究》，科学出版社，2016 年。该书第五章对与铜镜相关的画像石、陶俑等有论述。

［12］湖南省博物馆、中国科学院考古研究所：《长沙马王堆一号汉墓》，第 128 页，图版一七八，文物出版社，1973 年。

［13］［日］富田幸次郎：《波士顿美术馆藏中国画帖（汉至宋）》，哈佛大学出版社，1938 年。

［14］同［11］，第 132~160 页。

［15］中国画像石全集编辑委员会：《中国画像石全集 1：山东汉画像石》，图八二、八五，山东美术出版社，2000 年。

［16］高文：《中国画像石棺全集》，第 186、187 页，山西出版传媒集团・三晋出版社，2011 年。

［17］同［16］，第 410、411 页。

［18］同［16］，第 84 页。

［19］同［15］，图六四。

［20］中国画像石全集编辑委员会：《中国画像石全集 2：山东汉画像石》，图一三二，山东美术出版社，2000 年。

［21］同［20］，图一〇五。

［22］同［8］，图一七七。

［23］同［8］，图一八二。

［24］赵成甫：《河南南阳县英庄汉画像石墓》，《文物》1984 年第 3 期。

［25］中国画像石全集编辑委员会：《中国画像石全集 6：河南汉画像石》，图二二二，河南美术出版社，2000 年。

［26］曾昭燏、蒋宝庚、黎忠义：《沂南古画像石墓发掘报告》，图版 77，文化部文物管理局，1956 年。

［27］龚廷万、龚玉、戴嘉陵：《巴蜀汉代画像集》，图 82，文物出版社，1998 年。

［28］安徽省文物考古研究所、马鞍山市文化局：《安

徽马鞍山东吴朱然墓发掘简报》,《文物》1986 年第 3 期。
[29] 河北省文化局文物工作队:《河北定县北庄汉墓发掘报告》,《考古学报》1964 年第 2 期。
[30] 淄博市博物馆、齐故城博物馆:《临淄商王墓地》, 齐鲁书社, 1997 年。
[31] 山东大学历史文化学院:《重庆涪陵点易墓地汉墓发掘简报》,《文物》2014 年第 10 期。
[32] 霍巍:《从新出考古资料论我国西南的带柄铜镜问题》,《四川文物》2000 年第 2 期;《西藏曲贡村石室墓出土的带柄铜镜及其相关问题初探》,《考古》1994 年第 7 期;《再论西藏带柄铜镜的有关问题》,《考古》1997 年第 11 期。
[33] 山东省文物考古研究所、东平县文物管理所:《东平后屯汉代壁画墓》, 文物出版社, 2010 年。
[34] 同 [5]。
[35] 同 [12], 第 119 页, 图版二三四、二二九。
[36] 同 [5], 第 25~42 页; 张琴:《汉代“执镜俑”定名刍议》,《文物天地》2018 年第 3 期。
[37] 同 [5], 第 43 页。
[38] 陈大章:《河南邓县发现北朝七色彩绘画像砖墓》,《文物参考资料》1958 年第 6 期。
[39] 索德浩:《四川汉晋陶俑初步研究》,《考古学报》2018 年第 1 期。

试从川渝地区出土的商周铜铃看巴、蜀文化之差异

薛加友　宜宾市博物院

摘　要：巴、蜀文化，即巴文化和蜀文化，是四川盆地的蜀和重庆峡江的巴所代表的考古学文化。由于不同的族群、不同的历史发展，巴文化与蜀文化有着各自的特点和差异。本文试从川渝地区出土的商周时期的青铜铃的器型、纹饰和组合情况所反映出来的族群、习俗、信仰等文化信息，简要探讨一下两种考古学文化各自的特点及其差异性。

关键字：川渝地区；商周；铜铃；巴蜀文化

一　序言

川渝地区是先秦时期巴蜀文化的主体区域，是中国文明的重要起源地之一。“巴”，大致指今四川盆地东部（即川东地区或峡江地区）；所谓“蜀”，大致指盆地西部和中部地区以及与整个盆地连同的周边地区。借用日本学者平势隆郎（Takao Hirase）先生的观点：“战国时代的领土国家都是在新石器时代以来的文化地域母体的基础上建立起来的”[1]，巴蜀文化下的巴国和蜀国也是在四川盆地新石器时代以来的各考古学文化，如四川的宝墩文化、三星堆文化、十二桥文化，重庆的大溪文化、魏家梁子文化、李家坝文化等地域母体的基础上形成的。在古代，巴蜀文化区还包括今汉中盆地、鄂西南、湘西山地、黔涪高原和滇东北等地区。

巴文化和蜀文化是两支不同的考古学文化，蜀文化源于四川盆地西部的新石器时代晚期文化；巴文化源于长江三峡地区新石器时代晚期的季家湖文化（类型）。考古学文化是一个特定的社会集团的物质遗存，根据巴文化和蜀文化研究的结果，“它们是各自有发展、有继承的考古学文化，其发展谱系是清楚的”[2]。

铜铃，古代的一种响器，形状像钟，但比钟小很多，由内置的舌体与腔体内壁碰撞而发声[3]。其形制特征为：平顶上有半环形梁或半环形小纽，两侧斜张，横截面多为叶形（亦称合瓦形）或椭圆形，口部平或凹下[4]。其功能多种多样，征战、渔猎以作信号工具，车马、仪仗以作装饰物品，娱乐以作乐器，通神以作法器，祭祀以作礼器。《周礼·春官·巾车》有言："大祭祀，鸣铃以应鸡人"，一般出现在其他乐器旁、车上、旗上、犬马身上等，可分为乐器铃、车铃、执铃、狗铃等[5]，至于铜铃的具体用途，应根据出土时铜铃的大小、形制、位置和组合关系综合来判断。川渝地区也有商周时期的铜铃出土，其中以1986年四川广汉三星堆二号祭祀坑出土的晚商时期的43件铜铃和3件铃形器尤为壮观，同时伴出的还有109件铜牌形响器和许多青铜树，它们之间存在着一定的组合关系[6]。2001年成都金沙遗址出土了西周时期的12件铜铃，同时伴出的还有4件多边形挂器[7]，笔者认为它们也可能存在一定的组合关系。其他的铜铃绝大多数为川渝地区战国时期出土的，相对也较为分散。

二　川渝地区铜铃的出土和分布情况

截至目前，笔者搜集到的川渝地区商周时期铜铃的考古出土材料如下：

1976年，四川广汉市真武村中兴公社拣选出1件铜铃（01097）[8]。

1977年，四川西昌县河西二号墓出土4件铜铃（M2：3；M2：6；M2：7；M2：9）[9]。

1978年，四川藏族羌族自治州茂县城关镇石棺墓A区第2型墓出土1件青铜铃（AM3：15）[10]。

1979年，四川青川县郝家坪战国墓M2出土7件镂空铃（M：5），M36出土1件镂空铃（M36：7）和1件铜铃（M36：8）[11]。

1981年，四川荥经县烈太战国土坑墓M1出土1件铜铃（M1：21）[12]。

1983年，四川大邑县五龙战国墓M2中部东侧出土1件铜銮铃（M2：25）[13]。同年，四川成都市三洞桥青羊小区省文物商店收回1件铜铃[14]。

1985年，四川荥经县同心村巴蜀墓M2出土2件铜铃（M2：4；5）[15]。

1986年，四川广汉市南兴镇真武村三星堆遗址二号祭祀坑第③层出土了43件铜铃，共分为A~I9个类型，包括A型1件、B型30件、C型1件、D型6件、E型、F型、G型、H型和I型各1件。[16]同年，四川彭县致和乡明台村农民取土时发现一墓，出土1件銮铃[17]。同年，在四川荥经县同心村巴蜀船棺葬第21号墓出土2件铜铃（M21-A：43）[18]。

1992年，四川阿坝藏族羌族自治州茂县南新乡牟托1号墓出土铜铃1件（M1：154）[19]。

1997年，重庆云阳县高阳镇青树村李家坝东周墓地52号墓出土1件铜铃（M52：1）[20]。同年，在重庆忠县忠州镇郑公村崖脚墓地第 4 号墓出有 1 件铜铃（BM4：10）、18 号墓出土 5 件铜铃[21]。

1999 年，四川凉山彝族自治州盐源县共出土和征集到春秋、战国时期Ⅰ、Ⅱ式共计 3 件铜铃[22]。同年，在重庆忠县㽏井沟遗址群崖脚墓地 C 区第 15 号墓出土了 1 件铜铃，出土时已碎[23]。

2000 年，重庆忠县忠州镇郑公村崖脚楚墓[24]、忠县中坝遗址[25]和忠县老鸹冲遗址[26]各出土了 6 件（DM51：5）、1 件和 4 件铜铃（BM1：4；BM1：5；BM1：6；BM1：7）。

2001 年，四川成都市金沙遗址Ⅰ区"梅苑"地点出土 12 件铜铃，原报告分为 A、B 两型，A 型 2 件（2001CQJC：44）、B 型 10 件（2001CQJC：497）[27]。同年，四川汉源大树镇麦坪遗址明清地层内出土 1 件铜铃（T4⑦：29）[28]。

2002 年，重庆涪陵小田溪墓群、万州区中坝墓群和三峡地区巴人墓地均发现了铜铃，具体数目不详[29]。同年，于重庆万州区大坪墓地[30]第 46 号、第 59 号、第 119 号和第 136 号墓共出土 6 件铜铃（M46：2；M59：12；M119：8；M136：19；M136：21）。

2003 年，重庆奉节县永安镇窑湾村宝塔坪遗址 IM1028 墓出土 3 件铜铃（M1028：8；M1028：9；M1028：10）[31]。同年，四川成都市青龙乡海滨村 2 号墓坑底东北角出有 1 件铜铃（M2：2）[32]。

2004 年，重庆万州区大丘坪墓群出土 12 件铜铃[33]。同年，万州区高峰镇朝阳村余家河墓群第 14 号墓出土 2 件铜铃（2004WYM14：3；7）[34]。又于四川广汉市三星堆月亮湾台地出 1 件铜铃（00624）[35]。

2006 年，四川蒲江县飞龙村盐井沟 1 号墓出土銮铃 1 件（M1：13）[36]。同年，在四川汉源县市荣乡桃坪遗址 23 号墓出土了 3 件铜铃（M23：20；M23：26-1；M23：26-2）[37]。

2007 年，重庆忠县石匣子楚墓出土了铜铃，具体数目不详[38]。同年，四川成都市高新西区亚光微波生产基地第⑤层出土 1 件铜铃（T0608⑤：2）[39]。

2008 年，四川凉山彝族自治州盐源县地区出土和征集到 18 件铜铃，分为 A、B、C 三个类型，包括 A 型 8 件、B 型 9 件、C 型 1 件[40]。

2009 年，四川汉源县市荣遗址 3 号墓墓主人棺外脚端出土 8 件铜铃（M3：26~33）[41]。同年，四川甘孜藏族自治州炉霍县呷拉宗石棺葬墓地 2 号墓出土铜铃 1 件（M2：15）[42]。

2010 年，在四川青川县郝家坪战国墓葬群第 22 号墓出土 1 件铜铃（M22：3）[43]。

2012 年，四川甘孜藏族自治州炉霍县斯木乡瓦尔壁 1 号墓中部偏北出土铜铃 2 件（M1：5；M1：8）[44]。

2014 年，四川广元市昭化大坪子墓地第 54 号墓出土至少 2 件铜铃[45]。

由此，笔者根据上述地点，参考赵殿增先生《三星堆文化与巴蜀文明》一书"晚期巴蜀文化分布图"中青铜器的分布地点，制作出了川渝地区商周时期的铜铃分布图，详情见图一。

三 川渝地区铜铃的类型学分析

由图一可以看出，除了四川东北的青川、广元，川西北的炉霍县和川西南的西昌、盐源的个别地区外，四川蜀文化的铜铃主要还是集中分布于成都平原地区，而重庆巴文化的铜铃主要分布于峡江地区，下面就主要通过四川地区和重庆地区的商周铜铃的器型、纹饰和组合进行考古学分析和比较。

（一）铜铃的器型比较

表一为四川、重庆地区商周铜铃器型比较表，从表中我们可以看出以下几点：

第一，四川成都平原和重庆峡江地区发展极不平衡，成都平原的蜀文化的铜铃从商到战国时期均有出土，且商周的数量还比较大；而重庆峡江地区的巴文化的铜铃一方面可能是商和西周时候确实没有铜铃，另一方面可能限于考古发掘的材料问题。但经过“长江三峡工程文物保护”如此宏大的项目，发现的铜铃依然较少，且铜铃均为春秋战国时期。因此，笔者认为巴文化在商和西周时期没有铸造铜铃的可能性胜于出土材料有限的问题。从这点来看，蜀文化和巴文化在文明程度上存在不平衡性。

第二，中原文化的铜铃在蜀文化里面有一个由东北向西南传播和发展的演进过程，这从商代的广汉三星堆A、

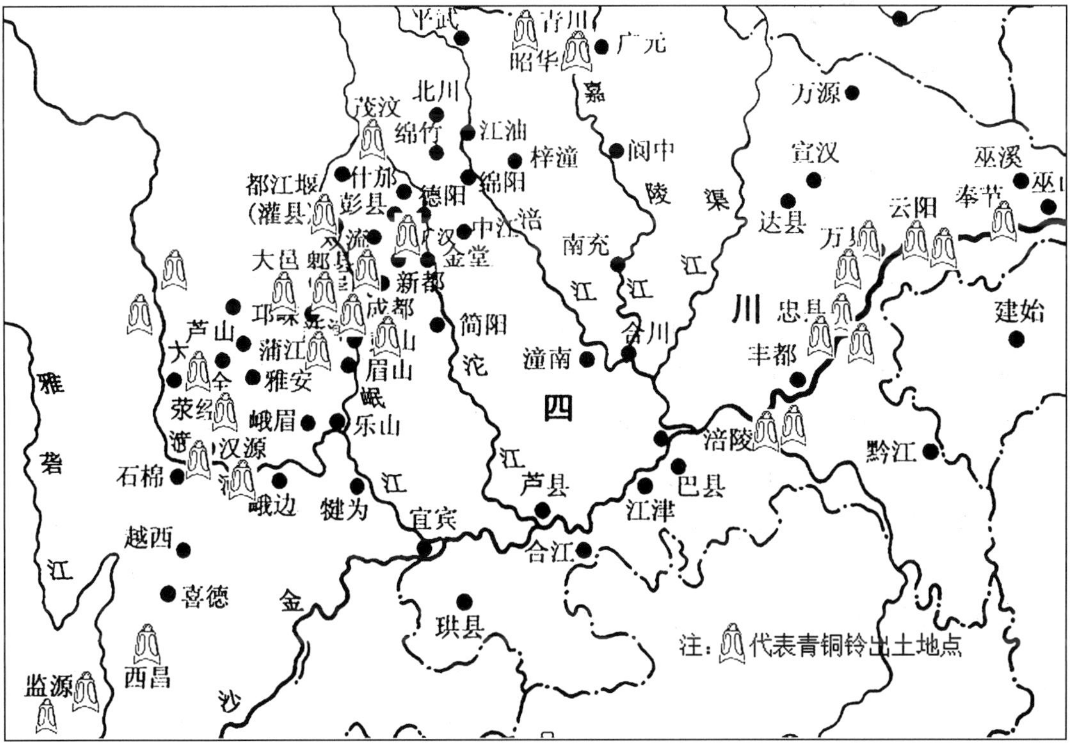

图一 川渝地区商周铜铃分布图

表一　四川地区与重庆地区商周铜铃器形比较表[46]

地区 时代	四川地区	重庆地区
商		
西周	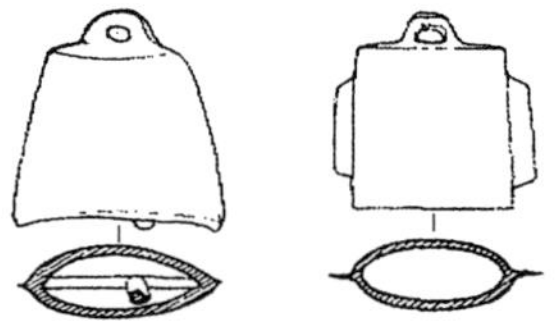	
春秋、战国	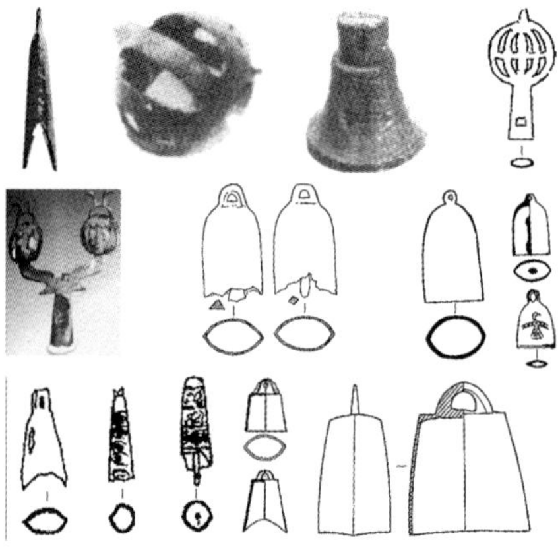	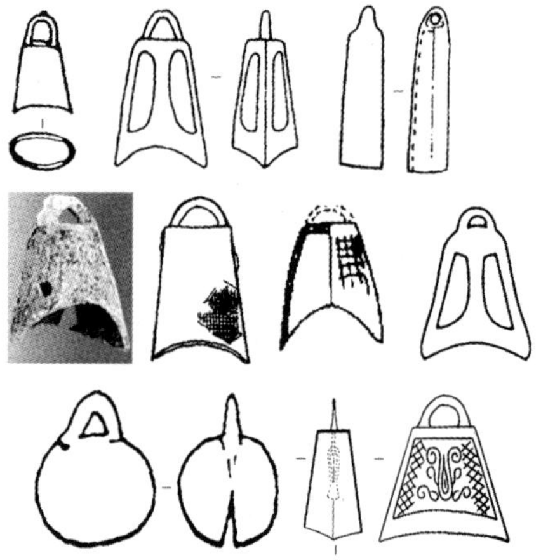

B、C 三型铜铃到西周的成都金沙遗址的 B 型铜铃，再到川西南的西昌河西大石墓 I 类墓（表一中成都平原春秋战国时期倒数第三张图）和凉山州盐源县（表一成都平原最后两张图）中受中原文化影响的铜铃时空演变可以看出。相比之下，巴文化与中原文化的在铜铃方面的联系（或受其影响）的迹象没那么明显。

第三，从出土的青铜銮铃来看，蜀文化的銮铃比巴文化多。銮铃一般为作战的车马器之车衡和马轭上的部件，之所以蜀文化的銮铃比巴文化常见，笔者认为应该是受地形所限，成都平原地势平坦，比峡江地区的山地更适于运用车马作战。

第四，从成都平原商代至战国的铜铃演变来看，蜀文化的铜铃的形制从前期的规制化和物象化逐渐向后期的实用性和多样性发展，这与中国青铜器从三代到战国秦汉的发展演变同出一律。巴文化的铜铃在形制上更具地方特色。

（二）铜铃的纹饰比较

表二为四川、重庆地区商周铜铃纹饰比较表，从表中我们可以看出以下几点：

第一，显而易见，蜀文化中商周时期铜铃的纹饰明显比巴文化丰富，暂且撇开巴文化在商代和西周时可能没有铜铃不说，就是在同时代内相比，巴文化的纹饰较之于蜀文化也显得格外少些。这一方面是出于前文器型比较中谈到的巴文化的铜铃较少，另一方面则是因为巴文化中素面的铜铃占据出土铜铃中的大部。蜀文化单在铜铃上反映出来的青铜文化要比巴文化发达。

第二，单从成都平原商代到战国铜铃纹饰的发展演变来看，蜀文化的铜铃的纹饰与中原的商文化、周文化有着密切联系，如蜀文化铜铃中出现的商文化的兽面纹、连珠纹和周文化的波曲纹。到了西周，纹饰突然变得极其简单。笔者认为，这是受考古材料的发现和搜集情况所限（只有金沙一处），与同时期的器型一样，有待考古材料的进一步补充或某些有争议的考古材料的准确断代。到了春秋战国时期，中原文化中盛行于商周时期的乳丁纹出现在了春秋战国时期的蜀文化的铜铃之上，反映了考古学文化上的一种“文化滞后”现象。

第三，从成都平原商代至战国的铜铃的演变来看，蜀文化的铜铃的纹饰从前期的抽象化、神格化逐渐向后期的具象化和生活化发展，这与中国青铜器从三代到战国秦汉的发展演变有着异曲同工之妙。战国末期的巴蜀文化之铜铃同时出现了镂空技术，这应该是受到战国秦汉时期铜器装饰工艺如嵌错、刻纹、刻镂等技术和审美变化的影响，亦或是受限于后期铜原料减少致使其体量的轻量化。

（三）铜铃的组合比较

表三为四川、重庆地区商周铜铃组合比较表，从表中我们可以看出以下几点：

第一，特别明显的，还是由于蜀文化的铜铃出土比巴文化多，所以蜀文化铜铃的器型、纹饰和组合情况均要比巴文化铜铃展现的文化面貌更丰富。其铜铃不论是在同出之物上，还是在出土位置方面，均是如此。

第二，从蜀文化和巴文化铜铃的同出之物来看，蜀文化铜铃的同出之物主

表二　四川地区与重庆地区商周铜铃纹饰比较表

时代＼地区	四川地区	重庆地区
商	早商：凸线方框纹[47] 晚商：鹰形鸟纹、波曲纹、连珠纹、兽面纹、云雷纹、虎头纹、素面	
西周	素面	
春秋、战国	素面、椭圆镂孔、乳丁纹、几何纹、鸟纹、云纹、对称的花朵纹、同心圆、弦纹、连珠纹、树木纹、花朵纹、圆点纹	乳丁纹、菱形几何纹、柿蒂纹、云纹、菱格纹、素面、弧形镂孔、镂空

表三　四川地区与重庆地区商周铜铃组合比较表

时代＼地区	四川地区	重庆地区
商	三星堆同出之物：铜铃架、铜牌形响器、海贝串铃形器、阴刻列舞祭祀图的石璋 出土位置：二号祭祀坑	
西周	金沙同出之物：多边形挂器、圆形挂器、金喇叭形器 出土位置：机械施工挖出，失去原单位	
春秋、战国	同出之物：磬形铜饰、铜牌饰、兵器、乐器组钟和甬钟、乐器铜鼓和宗教用具枝形器、铜璜、铜带钩和铜镜、铜镜和铜手镯、马骨和马镳、带钩 出土位置：石棺后端、船棺中部左侧、船棺头部右侧、棺外脚部外侧、木棺东侧脚端、随葬马坑、椁内棺外头部外侧	同出之物：带虎纹和手形的兵器、铜璜、桥形饰、坠饰、骨簪和铁带钩、小铜磬和铜带钩 出土位置：棺椁之间的西南脚端、墓主腰部左侧

要为乐器、宗教祭祀用具、兵器、装饰品和车马器等，巴文化铜铃的同出之物主要为兵器、装饰品和乐器。由此，单从铜铃来看，蜀文化的宗教信仰和作战方式要比巴文化浓厚和丰富。

第三，从蜀文化和巴文化铜铃的出土位置来看，蜀文化铜铃的出土位置主要有头部、脚端和两侧，巴文化主要在腰部和脚端。由此，虽不能排除巴文化铜铃不在墓主头部的可能性，但可以明显看出蜀文化铜铃出土于墓主头部的可能性大于巴文化的铜铃。再者，蜀文化铜铃还出土于随葬马坑中，这是巴文化所没有的。另外，从葬具来看，蜀文化有石棺、船棺和木棺椁，巴文化主要为木棺椁。究其原因，可能与各自所处的地理环境有关。蜀文化主要在成都平原，先秦时期沼泽较多，水网密布，木材丰富，刨木为棺，平原内的船棺葬文化比较盛行，平原周边的山地流行石棺葬。而巴文化处于峡江地区，其墓葬主要分布于长江及其支流的两岸的台地上，地下水位线相对较低。同样森林密布，伐木做棺，各成习俗。

（四）差异性分析

从上述对川渝地区出土的商周铜铃的器型、纹饰和组合情况的比较分析来看，巴蜀文化的差异性主要有以下几点：

第一，从文化或文明发展程度上来看，蜀文化由于其特殊的（相较于巴文化）区位优势，受中原发达的青铜文化影响较深，其青铜文化的发展程度和文明水平也要高于巴文化。

第二，从物质生产方式和社会面貌来看，蜀文化区为平原地形，平原便捷的交通利于广泛交流，文化融合性强，反映在社会面貌上，表现为生活方式多样化，文化创作取材广博，地域性和融合性兼收并蓄。而巴文化区为山地，山环水绕，对外交流相对受限，因而其地方特色相对更为浓厚。

第三，从宗教信仰和精神层面来看，蜀文化农业经济发达。在宗教信仰和祭祀方面，更加注重天、地、人三位一体的表现，这从三星堆祭祀坑的通天神树、“燎祭”和人的神格化的青铜面具以及战国时期与铜铃共出的铜杖、枝形器等中可略见一斑。而巴文化渔猎经济发达。在宗教信仰和祭祀方面，更注重祖先崇拜和动物信仰，如巴文化里的廪君和盐水女神崇拜以及巴族的白虎信仰等。

巴文化是巴国王族和巴地各族所共同创造的全部物质文化、精神文化及其社会结构的总和。其最早源于湖北西南的清江流域，后活动于盆地东部及附近地区。西周时，建有巴国，受蜀影响，始有较高水平的农业[48]。

蜀文化专指以成都平原、岷江流域为中心的区域文化。考古发现，殷商至西周时，蜀人与黄河流域民族即有文化交流。蜀文化区是中国最早出现城市文明的地区之一，早在距今4500~3200年，便出现了宝墩、鱼凫、郫县、芒城、双河和紫竹六座古城。在三星堆、金沙文化时期，古蜀已进入国家形态，有了比较发达的神权和礼乐制度。

结 语

巴、蜀文化源远流长，在中国古代文化体系中占有重要地位。随着各自在新石器时代以来的地域母体基础上的不断发展、演变和联系，到了春秋战国时期，两者形成了晚期巴蜀文化既相似又区别的新的文化共同体。从上述通过对川渝地区出土的商周铜铃的器型、纹饰和组合的考古学分析比较也能看出，蜀文化与巴文化其实是两个不同体系的考古学文化，正如朱世学先生所说：“巴文化和蜀文化是两种不同性质、不同品位的文化。两种文化从根本上看还是有着本质的区别。”[49]

注释

[1] 平势隆郎著，周洁译：《从城市国家到中华——殷商春秋战国》，第9页，广西师范大学出版社，2014年。

[2] 童恩正：《古代的巴蜀》，第10页，重庆出版社，2004年。

[3] 庾华：《钟铃文物探微》，第1页，北京燕山出版社，2014年。

[4] 朱凤瀚：《中国青铜器综论》，第230页，上海古籍出版社，2009年。

[5] 马承源：《中国青铜器》，第287页，上海古籍出版社，2003年。

[6] 四川省文物考古研究所：《三星堆祭祀坑》，第289~298页，文物出版社，1999年。

[7] 成都市文物考古研究所：《成都金沙遗址Ⅰ区“梅苑”地点发掘一期简报》，《文物》2004年第4期。

[8] 敖天照：《商代青铜单翼铃在三星堆遗址陆续出土》，《四川文物》2009年第2期。

[9] 西昌地区博物馆：《西昌河西大石墓群》，《考古》1978年第2期。

[10]《中国音乐文物大系》总编辑部：《中国音乐文物大系·四川卷》，第17页，大象出版社，1996年。

[11] 四川省博物馆、青川县文化馆：《青川县出土秦更修田律木牍——四川青川县战国墓发掘简报》，《文物》1982年第1期。

[12] 李晓鸥、刘继铭：《四川荥经县烈太战国土坑墓清理简报》，《考古》1984 年第 7 期。
[13] 四川省文物保护管理所、大邑县文化馆：《四川大邑五龙战国巴蜀墓葬》，《文物》1985 年第 5 期。
[14] 成都市文物管理处：《成都三洞桥青羊小区战国墓》，《文物》1989 年第 5 期。
[15] 四川省文物管理委员会、荥经盐道古城遗址博物馆：《四川荥经同心村巴蜀墓发掘简报》，《考古》1988 年第 1 期。
[16] 同 [6]。
[17] 同 [10]。
[18] 廖光华：《彭县致和乡出土战国青铜器》，《四川文物》1989 年第 1 期。
[19] 四川省文物考古研究所、荥经严道古城博物馆：《荥经县同心村巴蜀船棺葬发掘报告》，《四川考古报告集》，第 266、267 页，文物出版社，1998 年。
[20] 茂县羌族博物馆、阿坝藏族羌族自治州文物管理所：《四川茂县牟托一号石棺墓及陪葬坑清理简报》，《文物》1994 年第 3 期。
[21] 四川大学历史文化学院考古学系、重庆市文化局、云阳县文物管理所：《重庆云阳李家坝东周墓地 1997 年发掘报告》，《考古学报》2002 年第 1 期。
[22] 重庆市文物局、重庆市移民局：《长江三峡工程文物保护项目报告 · 重庆库区考古报告集 1998 卷》，第 728、732 页，科学出版社，2006 年。
[23] 凉山州博物馆、西昌市文管所、盐源县文物管理所：《盐源近年出土的战国西汉文物》，《四川文物》1999 年第 4 期。
[24] 重庆市文物局、重庆市移民局：《长江三峡工程文物保护项目报告 · 重庆库区考古报告集 2002 卷 · 中》，第 1477~1479 页，科学出版社，2010 年。
[25] 北京大学考古文博学院三峡考古队、重庆市忠县文物保护管理所：《重庆忠县崖脚楚墓 2000 年发掘简报》，《四川文物》2009 年第 1 期。
[26] 重庆市文物局、重庆市移民局：《长江三峡工程文物保护项目报告 · 重庆库区考古报告集 2002 卷 · 下》，第 1591 页，科学出版社，2010 年。
[27] 重庆市文物局、重庆市移民局：《长江三峡工程文物保护项目报告 · 重庆库区考古报告集 2000 卷 · 上》，第 859~960 页，科学出版社，2008 年。
[28] 同 [7]。
[29] 大渡河中游考古队：《四川汉源县 2001 年度的调查与试掘》，《成都考古发现 2001》。原报告阐述为：“第 7 层虽为明清地层，但也出土少量商周遗物，在此一并予以介绍。”
[30]《文物春秋》2013 年第 3 期、《中国考古学年鉴 2003 卷》和 2002 年 4 月 12 日（总第 1003 期）《中国文物报》。
[31] 重庆市文物局、重庆市移民局：《长江三峡工程文物保护项目报告 · 万州大坪墓地》，第 11、16、45、46 页，科学出版社，2006 年。
[32] 吉林大学边疆考古研究中心、重庆市文化局、白帝城文物管理所：《奉节宝塔坪遗址 2003 年发掘简报》，《江汉考古》2005 年第 4 期。
[33] 成都市文物考古研究所：《成都市青龙乡海滨村墓葬发掘简报》，《成都考古发现 2003》。
[34] 重庆市文物局、重庆市移民局：《长江三峡工程文物保护项目报告 · 万州大丘坪墓群》，第 45、46 页，科学出版社，2014 年。
[35] 付晶晶：《中国古钟文化传播论述》，第 43 页，社会科学文献出版社，2016 年。
[36] 同 [8]。
[37] 四川省文物考古研究院、雅安市文物管理所、汉源县文物管理所：《四川汉源县桃坪遗址及墓地 2006 年发掘简报》，《四川文物》2016 年第 6 期。
[38] 成都文物考古研究所、蒲江县文物管理所：《蒲江县飞龙村盐井沟古墓葬》，《成都考古发现 2011》。
[39] 张庆久：《重庆忠县石匣子楚墓考古研究》，《四川文物》2009 年第 2 期。
[40] 成都市文物考古研究所：《2007 年成都高新西区亚光投资有限微波生产基地古遗址发掘简报》，《成都考古发现 2010》。
[41] 成都市文物考古研究所、凉山州博物馆、盐源县文物管理所等：《盐源地区近年新出土青铜器

及相关遗物报告》,《成都考古发现2009》。

[42] 四川省文物考古研究院、西安美术学院中国艺术与考古研究所:《四川汉源县市荣遗址2009年度发掘报告》,《四川文物》2011年第5期。

[43] 四川省文物考古研究院、日本九州大学、甘孜藏族自治州文化旅游局等:《四川炉霍县呷拉宗遗址发掘简报》,《四川文物》2012年第3期。

[44] 四川省文物考古研究院、青川县文物管理所:《四川青川县郝家坪战国墓葬群2010年发掘简报》,《四川文物》2016年第3期。

[45] 四川省文物考古研究院、炉霍县文物管理所:《四川炉霍县斯木乡瓦尔壁M1发掘简报》,《四川文物》2014年第5期。

[46] 表中四川地区商代选取的材料为广汉三星堆二号祭祀坑出土的铜铃,西周为成都金沙遗址出土的A、B两型。春秋战国时期,四川地区图片材料依次为:茂县城关、大邑五龙、成都三洞桥、彭县致和、蒲江盐井沟、西昌河西、凉山盐源、荥经同心和成都青龙。重庆地区图片材料依次为:云阳李家坝、忠县崖脚、忠县中坝、万州大坪、忠县崖脚(1997年)、云阳旧县坪、奉节宝塔坪和忠县老鸹冲。

[47] 敖天照:《商代青铜单翼铃在三星堆遗址陆续出土》,《四川文物》2009年第2期。文中作者将其年代定为比三星堆二号祭祀坑还早的商代早期。

[48] 阮荣春、罗二虎:《古代巴蜀文化探秘》,第60页,辽宁美术出版社,2009年。

[49] 朱世学:《长江三峡工程文物保护项目报告·巴式青铜器的发现与研究》,第503页,科学出版社,2015年。

李庄的建筑与故事

姚　军　四川省文物考古研究院副院长、研究员

一　李庄及李庄的人

（一）李庄的位置环境

李庄地处宜宾城区以东长江下游的南岸，长江在此转了个小湾，而李庄就位于这个内。从水力学的角度来说，江水由上游流经此处，左侧为水力冲积区，右侧因为江水转弯而成为堆积区。经考古发现和发掘证明，自古以来的聚落遗址均位于河流冲积区，这里因河流堆积，土地肥沃，是人类理想的生存、生活之地。因此李庄悠久的历史，是有其先天性的优越条件的。

但是这样的位置也有其先天性的不足，即洪水时期江水怒号奔腾而来，冲积左岸，由于左岸长期受到水的切割作用，一般河岸较直，阻力较大，加之地处转弯之区，受到阻挡的江水向右猛烈冲刷右岸，而右岸往往较为平缓，因此被洪水淹没是常有的事。每年7~9月的雨季是李庄受洪水严重威胁的季节，常形成灾害，历史上有明确记载的几次特大洪灾，给李庄造成了巨大的损失。

（二）李庄的地理位置

李庄上扼金沙江、岷江、符江河口，下控黄沙河（又名涪溪）与长江汇合点。通过长江水路，上为宜宾，下游可达泸州、重庆，自古为川南通往滇、黔的驿道，有“万里长江第一镇”之称。由于其所处的地理位置，自唐代以来李庄就是川南商贸、文化、经济重镇之一，是农副产品集散地和商贸重镇，以粮食和食盐为主的商品在李庄集散。包括米、小麦、蚕豆、黄豆等在内的粮食在李庄集散后，装船运销到犍为、乐山、成都、宜宾、自贡、泸州、江津、重庆、武汉及上海等地，同时运回所需工业品和食盐等到李庄后又分运各地销售。

四川是重要的产盐地，历史上的犍为（即五通桥）的大河盐、自贡盐场（即富荣）的小河盐分销长江南、北岸。李庄辖区地跨长江南北，清光绪三年即在此设立“食盐官运分局”，直隶于泸州总局，负责经销长江南岸大片地区的民用食盐。1853年，太平天国建都南京，禁止淮盐上运湘鄂，清廷饬令“川盐济楚”，自贡的盐即通过长江流域输送到两湖地

区。抗战时期，沿海一带相继沦陷，海盐生产遭到破坏，运输受阻，湖南、湖北等省海盐销区民苦淡食，由此川盐承担起了供应军需民食的重任，史称“第二次川盐济楚”。两次“川盐济楚”，李庄功不可没。

此外，产于李庄本地的砖糖和白糖，吸引远近客商到李庄贩卖，同时又运来当地的土特产进行交易。

（三）李庄的人

汉代司马迁说过，“天下熙熙，皆为利来；天下攘攘，皆为利往。”优越的商贸地理位置吸引着天下的客商汇集于李庄，经营生意，经营个人和家族的前程。

明末清初，四川经60年的战乱，尤其是明末张献忠入蜀，四川人口锐减。清初实施“湖广填四川”移民政策，湖北、福建、广东、江西等地的移民进入四川，李庄也成为移民集中分布的区域。除沿海一带的湖北、广东、福建、江西外，贵州、云南也有部分移民定居于李庄。

移民入川后，因远离家乡，且居住环境和生活习惯也随之改变，故思乡是难免的。“楚人迁居异地，犹然行梓里之祀典，而岁时期会，藉之以寫和好，谅于入庙展敬之际，必有油然感诸心者发而为忠孝之行。”湖北、广东等同乡相聚，逢年过节，便行家乡习俗。起初是小范围的，随着同乡人口的增多，固定的聚会、娱乐地点成为必须，同乡会馆由此产生。李庄的同乡会馆就有禹王宫、南华宫、天上宫等。

中国自古三十六行，行行都有鼻祖，即所谓的行业神，逢年过节便要祭拜祖师爷，以保佑其平安、生意兴隆。部分入川后没有从事商贸、而从事于某种行业手艺的移民，与当地从事同一行业的手艺人一起，形成行会，行会也要有祭拜、娱神的场所，行业会馆应用而生。李庄的行业会馆有：屠夫以张飞为祖师爷而建筑的桓侯宫，有的地方称张爷庙；天灯会以祭拜玄武祖师而建筑的祖师殿等。

还有就是携家带口或家族式迁移的，定居李庄后，建立该姓祠堂，一方面以示离家不忘先祖，另一方面也是教育后代。每逢祭祖及添丁等重要之日，他们便汇聚于祠堂。祠堂有供祭祖先牌位的地方，也有供唱戏娱神的戏楼，可以说祠堂是一个既庄重又轻松的地方。李庄的祠堂有张家祠、邱家祠等（图一）。

二　李庄的建筑

（一）建筑类型

从建筑类型看，李庄的建筑有祠庙、会馆、寺庙、祠堂、店铺作坊、民居等。

祠庙是祭拜历史上重要人物的专庙，如祭拜东岳大帝的东岳庙。李庄的东岳庙除祭拜东岳大帝外，还有关帝及东岳大帝三子炳灵太子。

会馆是带有浓厚移民文化色彩的建筑，包括同乡会馆及行业会馆，如禹王宫、南华宫、天上宫、祖师殿、桓侯宫、王爷庙、文昌宫等。

部分祠庙和会馆自清代以来被统称为“九宫十八庙”。

图一

寺庙有慧光寺。原慧光寺被拆除，现慧光寺是将禹王宫根据寺庙的建筑功能改造而成的。

祠堂是某姓祭拜祖先和同姓聚会、娱神的场所。张家祠没有祠堂一般所具有的戏楼，而是传统的民居格局。这是因为该祠堂是张师德聚族人集资从族人张旌祖、张闾祖处购买后改建的。邱家祠破坏比较严重，还有条街道叫邱家祠街。

李庄是一个商贸重镇，除了集散、交易大宗的粮食、盐、糖外，一些与这些贸易及日常生活密切相关的手工业作坊也应运而生。作坊一般沿街分布，为纵长方形布局，前面是店铺，后面是生产作坊，集生产、销售于一体。席子巷即是以集中分布加工和销售草席而得名的小巷。著名的李庄白酒也是前面为卖酒的店铺，后面是酿酒的作坊。

民居是居住、生活的场所，一般为四合院布局。或许因为李庄是移民聚居复杂的场所，民居建筑一般有高大的青砖砌筑的围墙。李庄保存较好的民居有梁林旧居、胡家院子、李济旧居等（图二）。

图二

（二）建筑时代

李庄是历史悠久的古镇，建筑延续时间较长。由于木构建筑本身的缺陷，早期的建筑没有保存下来，现存建筑时代从明代至民国时期都有，其中又以清代建筑为主。

李庄建筑时代最早的是旋螺殿，修建于明万历二十四年（1596 年），是四川地区现存明代木构建筑遗存，曾为我国古建筑学家梁思成先生等关注而著名。东岳庙、禹王宫、祖师殿、天上宫、张家祠均为道光时期的石砌建筑，南华宫、王爷庙、桓侯宫为清光绪时期建筑，大量的民居、店铺作坊也以清代中晚期居多。

（三）建筑特点

李庄是一个移民古镇，地处四川南部，建筑具有以下特点：

1. 建筑材料

李庄的建筑，从承重系统的构筑材料看，有全木结构、砖木结构和砖石木混合结构几种。

全木梁架结构建筑，受压构件和受弯构件均用木料，即建筑的柱、檩、椽及枋等系纯木材构筑；靠墙立柱，柱间用穿枋联结，柱头上施檩。围墙砖砌，但不承重，属于围护结构。

砖木结构建筑系构架采用木结构，砖砌的山墙也有承重作用。这种建筑结构往往是次间的檩穿插于山墙内，山墙实际具有了承重功能。

砖石木混合结构建筑则是柱用石和木，一般是金柱多用石，柱上的檩、椽、连接构件的枋和装饰构件的撑拱等用木。次间的结构与砖木结构建筑相同。

2. 梁架结构

从四川古代建筑史的角度考察，明清时期四川木构建筑的梁架可以分为 A、B 两种类型：A 型为传统的官式建筑系统，即抬梁式木构架体系，平板枋上施三踩、五踩或七踩斗拱，其中斗拱七踩的较少见，三踩、五踩斗拱居多。建筑时代的下限在明末清初。B 型为抬梁穿斗混合式，即平綦以上的草架椽均采用了穿斗式结构，目前发现最早的建筑实物是彭山梓橦宫大殿。平武报恩寺天王殿、大雄宝殿、万佛阁及中轴线两侧的大悲殿、华严藏等建筑的平綦以上的草架椽也采用了穿斗式结构；平板枋上亦施斗拱。这种抬梁穿斗混合式结构一直是清代公共建筑梁架结构的唯一结构形式。A、B 型建筑在明代并存。

李庄的会馆、寺庙等公共性建筑，梁架结构采用四川地区清代典型的抬梁穿斗混合式结构。这种结构实际由明代的 B 型梁架发展演变而来，基本结构特点为：前、后金柱顶部施抬梁（根据建筑的体量大小，抬梁分单重和双重），抬梁上立柱，柱上施檩，柱间用穿枋连接，形成穿斗构架。柱头直接撑檩，山面柱或全部落地、或部分落地，柱间用穿枋连接，为典型的穿斗式结构。由于抬梁以榫头插于柱头卯槽内，故我们可以称之为“插梁式”。

李庄建筑的抬梁穿斗混合式构架在抬梁以上部分的具体做法上又有区别。一种以东岳庙关圣殿、丙灵殿梁架结构为代表，双重抬梁枋上仍为抬梁式的木构架，抬梁枋上施驼峰承三架梁，梁两头施檩，三架梁中部施柱或驼峰承脊檩。丙灵殿的脊檩基本包于驼峰中。另一种以东岳庙岱宗殿梁架结构为代表，双重抬梁枋上为穿斗式构架，柱上承檩，檩用枋联结，三架梁上施柱承脊檩。使用第二种结构的建筑高度要高于第一种建筑结构的高度。

民居建筑及公共性建筑中轴线两侧的次要建筑，梁架结构为穿斗式。穿斗式构架的最大特点是结构灵活，柱网可根据需要改落地柱为不落地柱，以增加室内空间；也可以在檐柱外增加柱，用穿枋联结，形成新的空间。

3. 挑檐结构

挑檐是承托屋檐出跳的结构，屋檐越高，采光越好，在结构受力构件上属于受弯构件。李庄的建筑挑檐结构分为三种：

斗拱出挑　为官式建筑的主要特点，通过斗拱层层出跳，既抬高了屋檐，加深了屋檐的深度，又增加了采光。斗拱出挑仅见于旋螺殿。作为屋面出跳主要结构的斗栱，在清代消失。禹王宫山门、戏楼和中厅檐下施斗拱，该斗拱已演变为纯装饰性构件，不再具有斗拱出挑挑檐的实际功能，名为“如意斗拱”。

撑拱出挑　在檐柱或廊柱上部施扁平的穿枋，穿枋头上承檐檩。穿枋与挑檐檩相交处施垂花柱，穿枋与柱间施斜撑，称撑栱或撑弓，上端亦与垂花柱相交，形成三角形结构。垂花柱既有固定挑枋和撑栱的功能，同时又因施以雕刻，故也有装饰作用。撑栱有圆形的，也有扁平的，一般施有雕刻。

挑枋头向上弯举，承托檐檩　多见于民居做法。挑枋前段弯曲上举，枋头宽度也较挑枋身部规划大，枋头挖槽，檐檩即置于槽内。

4. 屋面结构

李庄的建筑以悬山顶居多，民居、店铺作坊、公共性建筑中轴线两侧的次要建筑及部分主体建筑，都采用悬山顶；其次是歇山顶，禹王宫戏楼、天上宫戏楼、东岳庙玉皇楼等即是；还有部分魁顶和攒尖顶，主要是南华宫、禹王宫的亭阁建筑。

在屋面材料使用上，以小青瓦为主，部分歇山建筑使用了青筒瓦。瓦分沟瓦（底瓦）和盖瓦，沟瓦直接置于椽间。椽上没有望板等木基层，也没有苫背。椽为扁平椽，建筑不同，使用的瓦件规格不同，椽的规格和椽距也有区别。民居建筑椽和椽距较小，宽不超过90、厚不超过35mm，椽距一般为230~240mm。公共性建筑的主体建筑，椽距最大不超过260mm。沟瓦搭接一般是一搭三或一搭四，即上瓦覆盖叠压下瓦的60%或70%。盖瓦是覆盖两垄底瓦之间的空隙，搭接相对底瓦稀疏。这种瓦件搭接的屋面也称仰合瓦屋面。

5. 装饰

和四川其他地区的清代建筑一样，李庄的建筑不使用彩画，但多雕刻。除东岳庙岱宗殿的柱头和额枋残存有彩画（不排除后期补绘的可能）外，基本不见彩绘装饰，柱、枋等多采用黑色或红色单色油饰，或仅刷桐油保护。

雕刻包括石雕和木雕，台帮、柱础

石、垂花柱、额枋、撑拱等都用雕刻。石雕一般为高浮雕，局部结合使用透雕，如禹王宫的九龙陛石、前厅台帮及柱础石，题材有龙、三国故事、神话故事等。木雕有浮雕、透雕、圆雕等，额枋及扁平撑拱等多用浮雕，圆形撑拱则结合透雕和圆雕技法，题材有二龙戏珠、戏剧故事等。楣子则多为镂空透雕，以葡萄、吉祥瑞草为主（图三）。

（四）移民建筑文化因素

李庄是个移民小镇，建筑、生活习俗等都不同程度地保留了移民本土的文化因素，主要表现在以下几个方面：

1. 建筑构架

李庄的建筑构架主体仍为木结构构架。由于建筑普遍有封火山墙，因此建

图三

筑次间或梢间柱檩与墙体的结构做法上就与四川地区传统的做法不同。

一类是贴封火山墙立柱，次间或梢间的檩搭建于柱头柱上，为传统的穿斗式结构。这类结构柱无承重作用，封火山墙仍为围护功能。

一类是封火山墙与梁、檩共同构成承重体系。墙上有梁孔或檩孔，梁、次间或梢间的檩直接插于孔洞中。这类结构墙体与柱共同构成承重体系结构，封火山墙承受屋面的重量。

2. 封火山墙

封火山墙是一种屋顶与山墙的组合形式，因其用墙体把相邻的建筑分隔，形成相对独立的建筑，墙体采用砖砌，能有效阻止火灾蔓延，故名“封火山墙”。封火山墙不仅具有防火的实际功能，同时装饰效果明显，集功能性与装饰性于一体。

封火山墙多见于江南地区。不同的地区形制不同，名称也有区别，但多以其形状称谓。如徽派建筑呈阶梯状，称“马头墙”；福建福州地区墙体随着木屋架的起伏做流线型，翘角伸出宅外，状似马鞍，故称“马鞍墙”；福建福安地区因类似佛像中观音菩萨所戴的帽子式样而名“观音兜”；其他如湘西的“猫拱背”，广东佛山地区与广西部分地区的“镬（锅）耳墙”，均以形似而名。

李庄建筑的封火山墙有徽派的“马头墙”式和“猫拱背”式。“马头墙”高低错落，一般为两叠式或三叠式，也有称山字屏风式的，两叠的称三山屏风式，三叠的称五山屏风式。墙帽为庑殿式，有脊饰，

翼角起翘明显。“猫拱背”中部圆拱较大，两端翼角上举，略低于拱背。墙帽亦为庑殿式，有脊饰，翼角起翘较大（图四）。

图四

李庄建筑的封火山墙，并不是单一的某种样式，而是融合了多种移民建筑文化因素形成的，闽、粤、赣封火墙的形式可以在同一幢建筑中出现，所以封火山墙的样式可以曲线和直线相混合。

李庄建筑的墙体当地称作“空斗墙”，或称“盒子墙”，实际是不同的墙体砌筑工艺技术。墙体底部为条石砌筑，条石上为砌砖墙身。砌砖的方式有两种：一种是条石上并列平铺两排砖，并列的砖之间有空隙，不挨着，于平砖两侧卧砌一砖，砖的外侧与平砖外侧平齐，两侧的卧砖要错开，不能并列对齐；再于卧砖上砌平砖一层。如此层层向上砌筑。每层卧砖中间放置一根圆木或木枋，中间用土、碎砖等填实，圆木或木枋是墙体内部的筋，起着拉牵每层墙体的作用，填实的土、碎砖与圆木或木枋使每层墙体形成一个整体，墙体因之而结实、牢固。这种做法是徽派建筑和广东地区建筑的做法。另一种墙体的墙基亦用条石砌筑，不同的是墙身砌筑在卧砖的两端有丁砖，由于卧砖是错缝的，两头的丁砖也是错缝的，形成如同“盒子”的墙身，盒子里面填黄土或碎砖瓦块，而并列的平砖中间是有空隙的，填土、砖瓦块时与上下层墙身砖彼此形成一个整体。这种做法源于江西地区，当地称“金包泥”。但李庄就连民居建筑也有围墙，墙体以前者居多。当然，我们不能武断地以墙体砌筑技术断定其主人即为安徽或广东籍，其中也有原材料的因素，因前者在用砖上比后者节约很多。

3. 建筑装饰

移民建筑文化特色表现在李庄建筑的装饰中，集中体现在脊饰的装饰工艺上：一是灰塑工艺，一是嵌瓷工艺。

灰塑古称“灰批”，是广东、东西、福建等岭南地区汉族传统建筑装饰工艺，明、清时期被广泛运用于建筑装饰。岭南的灰塑是将石灰、稻草、玉扣纸、糯米粉、糖、钢筋、钢钉、铜线、颜料等材料分别按比例混合，经沤制制成草筋灰、石灰油、纸筋灰，再经拍、抹、推、压、挑、雕刻等工艺制作而成，具有耐酸、耐碱、耐温、不易变形且不易褪色等特点，非常适用于炎热而潮湿的气候环境。

嵌瓷俗称“聚饶”“贴饶”“扣饶”，是潮汕和闽南特有的工艺门类，始创于明末清初。嵌瓷以绘画与灰塑造型为基础，使用各种形状、色彩的瓷片在装饰造型表面贴嵌成花鸟鱼虫、人物等，装饰于屋脊、檐下和照壁等建筑部位。嵌瓷以其色彩艳丽丰富，装饰效果强而被运用于建筑装饰。李庄建筑的嵌瓷装饰见于祖师殿中殿屋脊、天上宫牌坊式门坊等建筑，前者采用平饶工艺，后者多采用半浮沉饶工艺。平饶与平面浮雕类似，半浮沉饶与高浮雕类似，以瓷片进行拼贴图案。禹王宫戏楼正脊宝瓶宝顶为立体饶工艺，为后期维修改造的。

（五）李庄建筑反映出的社会状况

综观李庄的各种类型的建筑，我们发现李庄的建筑具有以下特点：

金柱使用石材。在东岳庙、禹王宫、南华宫等建筑的金柱或角柱使用了石材，用石柱代替木柱。

用材较小。李庄建筑的柱、檩等普遍用材偏小，一改明代传统官式建筑用材大的风格。包括柱径变小，单檐歇山顶的建筑中柱柱径明显较明代建筑小；檩规格也变小了，檩下多用随檩或随檩枋，以加强檩的受压、抗弯作用。由于用材小，建筑的面阔和进深也相对较小，明间金柱的插梁使用双重梁。

屋面无木基层、苫背。和四川地区清代建筑一样，建筑屋面结构简单，为檩上施椽，椽为扁平状，椽距不大于260mm，椽上直接接瓦，没有望板等木基层及苫背。没有木基层和苫背，大达减轻了屋面的荷载，与用材偏小相适应。

建筑结构普遍采用抬梁穿斗混合式梁架结构，次要建筑及民居等则采用穿斗式梁架结构。

李庄建筑的上述特点，也是明末以来四川地区社会状况的表现。四川从明末天启元年（1621年）的永宁土司奢崇明父子叛乱、崇祯年间张献忠之乱到清初康熙十九年（1680年）平定“三藩之乱”的60多年间，境内兵灾战乱不断，“地方迭罹兵燹，人民稀少，物力凋耗，非昔殷实时之所可同日而语。”能够适应明代建筑风格的建筑用材缺乏，“因蜀罹兵燹之后，即巨树良材咸遭焚伐，且无培植，求其千百年长养拱抱、堪为朝廷梁栋者，诚不能如当年之可指画而得也。”建筑材料的变化直接引起建筑结构的变化，建筑的装修、装饰也随之发生了适应于该结构体系的变化。

清初大规模的移民及来此经商的人，把原籍的建筑文化因素融入当地建筑中，使得这一时期的建筑文化呈现出多地域建筑因素包容的特色，雕刻、绘彩、灰塑、嵌瓷等被广泛运用于建筑装饰，雕刻技术空前发达。可以说，“湖广填四川”对四川地区经济、社会的复苏和兴盛起到了重大的作用，这也是古蜀文明的再一次崛起和复兴。

三　李庄建筑故事

1931年9月18日，侵华日军发动“九一八事变”，抗日战争爆发。1937年卢沟桥事变后，以研究中国古建筑为主的中国营造学社被迫南迁，先后辗转武汉、长沙、昆明。1940年10月底，学社迁驻李庄上坝，至1946年秋天，历时近6年。

中国营造学社在李庄期间，对宜宾地区的古建筑、宋墓等进行调查、测绘，并将成果公布于《中国营造学社汇刊》第七卷第一期。

宜宾地区的古建筑调查、测绘，包

括旋螺殿、宜宾旧州坝白塔等。旋螺殿由梁思成先生带领莫宗江、罗哲文等先后多次测绘。旋螺殿为明代木结构建筑遗存，建筑梁架结构、藻井等都具有一定的研究价值，被梁思成先生写入《中国建筑史》。宜宾旧州坝白塔由王世襄调查、测绘。旋螺殿和宜宾旧州坝白塔的相关资料后被四川省文物管理委员会油印为单行本，供业务人员学习。

宜宾地区宋墓调查、测绘主要是莫宗江、王世襄对宜宾旧州坝宋墓和李庄宋墓的调查、测绘。需要注意的是，营造学社这次对宜宾地区宋墓的调查、测绘，是古建筑学者从建筑史的角度对考古资料进行的调查和研究工作。

罗哲文先生是在李庄成长起来并最终成为我国文化遗产保护专家的宜宾本土人。初为刘敦桢先生抄写整理《西南古建筑勘查》的文章，并绘制一些插图。梁思成见罗哲文在绘图方面有培养前途，便把他收作弟子，为自己绘图和整理资料。他后来跟随梁思成调查、测绘旋螺殿，建国后成为最年轻的古建专家。罗哲文先生先后任职于文化部文物局、国家文物局、文物档案资料研究室、中国文物研究所等，一直从事中国古代建筑的维修保护和调查研究工作，为国家文物局古建筑专家组组长、中国文物学会名誉会长。他因为保护长城所作出的杰出贡献，被誉为“万里长城第一人”。

此外还有刘致平先生在李庄整理、完成的四川民居专题调研成果——《四川民居》，第一次把四川民居纳入古建筑研究，至今仍是研究四川古建筑的著作。

在李庄期间，梁思成、林徽因带领大家克服缺少纸张、无厂印刷等困难，恢复了停办的社刊《中国营造学社汇刊》，自己撰写文章、绘图、编排、石印、装订，先后编印了两期。1944 年 10 月，第七卷第一期出版，营造学社于李庄时期的调查成果主要发表于该期。

李庄时期的营造学社严重缺少经费，梁思成、林徽因等在贫病交加的情况下，在月亮田简陋的住房中，坚持完成了《中国建筑史》和《图像中国建筑史》，也正因为如此，李庄被称为“中国建筑科学的摇篮”。

鉴于李庄镇在抗日战争时期接纳中国营造学社等学术机构，为中国建筑历史研究做出的贡献，以及李庄丰富的历史文化遗存，2015 年 10 月 30 日，经宜宾市政府申请，由中国建筑学会建筑史学分会常务理事会批准，在李庄镇上坝村月亮田中国营造学社旧址前，中国建筑学会建筑史分会理事长吕舟宣读授牌决定，中国建筑学会秘书长周畅向李庄古镇景区管理局授予李庄镇“中国建筑史研究基地”称号。

石门路与昭通

——从唐袁滋题名摩崖石刻谈起

丁长芬　昭通市博物馆研究馆员

摘　要：云南省昭通市盐津县豆沙关五尺道边的悬崖上，刊刻有一块高60、宽25厘米的石刻，全文八行，计一百二十二字。石刻记述了唐代御史中丞袁滋奉诏持节赴云南册南诏，以及朝廷在石门开路置驿的史实。朝廷在石门开路置驿即是对秦汉五尺道昭通段进行修整。五尺道唐称石门路，自古以来就是连接川滇两省的重要交通线，其畅通与否与昭通历史发展进程息息相关。

关键词：石门路；袁滋题名摩崖石刻；昭通

唐袁滋题名摩崖石刻刊刻在云南省昭通市盐津县豆沙关五尺道边的悬崖上，刻石高约60厘米、宽约25厘米（图一）。全文八行，计一百二十二字，全文为：

大唐贞元十年九月廿日，云南宣慰使内给事俱文珍，判官刘幽严，小使吐突承璀，持节册南诏使御史中丞袁滋，副使成都少尹庞颀，判官监察御史崔佐时，同奉恩命，赴云南，册蒙异牟寻为南诏。其时，节度使尚书右仆射成都尹兼御史大夫韦皋，差巡官监察御史马益，统行营兵马，开路置驿，故刊石纪之。袁滋题。

石刻记载了唐德宗贞元十年，御史中丞袁滋一行赴云南册蒙异牟寻为南诏，经过石门，开路置驿的史实。

一　册封南诏的历史背景

南诏最初是在唐朝的支持下，统一六诏建国并发展起来的（734~748年）。唐玄宗天宝九年（750年），唐朝边臣失政，南诏国罗凤被迫背唐，相继击败鲜于仲通，大破李宓等所率唐军，唐军先后损失约二十万人。南诏遂依附吐蕃，吐蕃赐其为兄弟之国，后吐蕃与南诏合兵攻唐，德宗派大将李晟、曲环等大破吐蕃与南诏军八万多人。吐蕃悔怒，改

图一

封南诏为“日东王”，除去“兄弟之国”地位，双方关系遂生变。后吐蕃对南诏重税苛求，每年须南诏出兵助防，异牟寻实感依附吐蕃利少害多，乃采纳清平官郑回劝其内附归唐之言。同时西川节度使韦皋也极力劝其归附唐朝，异牟寻遂决计归唐，遣三使至成都，以示诚意，愿为唐之藩臣。贞元十年春，异牟寻与崔佐时盟于苍山。会盟后，韦皋与异牟寻合兵击败吐蕃于神川，后入朝献捷，韦皋奏请册封异牟寻为南诏王，异牟寻复归唐，与唐和好，互不侵犯。以后，吐蕃力弱不敢抗，南诏渐强。

袁滋赴云南册南诏异牟寻一事，《新唐书·卷222》有载：……夏六月册异牟导为南诏王。以袁滋持节领使，成都少尹庞颀副之，崔佐时为判官，俱文珍为宣慰史，刘幽岩为判官。赐黄金印，文曰：“贞元册南诏印”[1]。樊绰《云南志·卷一》载：其年（贞元十年）七月，西川节度使韦皋乃遣巡官监察御史马益开石门路，置行馆[2]。

二　道路的选择和修整

袁滋题名摩崖石刻明确记载了西川节度使韦皋差遣巡官监察御史马益，重开石门路，安置驿站、行馆的事实。今盐津豆沙关唐时称为石门，摩崖石刻记载的开路置驿具体指的就是经石门至今昭通鲁甸江底一带，而石门关地势险要，一夫当关，万夫莫开，是唐代由叙州（今宜宾）进入云南的主要通道之一。

南诏归唐内附，袁滋持节册封是唐中期的一件大事。唐德宗贞元十年（794年）袁滋奉命册南诏，其时成都通往云南的道路共三条：一条从邛部旧路即经过今凉山地区通往云南，一条从叙州经石门到云南，一条绕道贵州。其中前两条是当时主要的交通线，第三条路途险远。当时处于特殊战争时期，邛部旧路通往云南的道路由吐蕃把持，《云南志·卷一》载：……贞元十年，南诏立功归化，朝廷发使册命。而邛部旧路，方有北吐蕃侵钞隔关[3]。在这种情况下，为确保唐中央政府的册封使者能安全按时到达南诏，袁滋一行赴云南的道路选择了从叙州经石门到达拓东（今昆明）。选定道路后，西川节度使即着手安排人员对石门及沿线进行修整。

关于石门路的整修，袁滋题记摩崖石刻特别叙述："其时，节度使尚书右仆射成都尹兼御史大夫韦皋，差巡官监察御史马益，统行营兵马，开路置驿……""行营"指营治工程的军队，巡官马益统领此种工兵部队修整自石门至云南的道路，并于沿途设置驿站、馆舍，以备使团一行人旅途所需。这条道路所经地段，《云南志·卷一》载：……从戎州南十日程至石门，……石门东崖石壁，直上百仞；下临朱提江流，又下入地中数百尺，惟闻水声，人不可到。西崖亦是石壁，……石门外第三程至牛头山，……馆临水，名马鞍渡，上源从阿竽部落，绕蒙夔部落，第七程至蒙夔岭，岭当大漏天，直上二十里，积阴凝闭，昼夜不分。从此岭头南下八九里，青松白草，川路渐平。第九程至鲁望，即蛮、汉两界，旧曲、靖之地也[4]。

三　石门路在昭通历史发展进程中的作用

唐代的石门路其实就是史籍记载的五尺道。五尺道是古代四川以及中原地区通往云南、贵州的重要交通线之一，同时也是古代西南地区与东南亚、南亚地区交流往还的重要线路。昭通古称朱提，处于五尺道的主干线上，与四川宜宾隔江相邻，历史上曾历属蜀郡、犍为郡、戎州都督、四川乌蒙军民府管辖。石门路作为川滇区域的交通脐带，其畅通与否直接影响着锁钥南滇、咽喉西蜀的昭通境域的社会历史发展进程。

关于五尺道的线路走向，学界一致认为是从古代成都南下南安（今四川乐山），经僰道（今宜宾）、筠连、高县、盐津、大关、昭通达建宁（今云南曲靖），其开辟的时代至晚也在商代中晚期[5]。秦王朝曾命常頞"略通五尺道，诸此国颇置吏焉"[6]。秦亡，这条道路由官道变民道。汉武帝为进一步略通西南夷，复通此道，又"发巴蜀卒治道，自僰道指牂柯江""通夜郎道，为置吏"，令唐蒙治南夷道，一直通至曲靖。这条道路又由民道变为官道，并设亭置吏加以管理。

五尺道成为通向云南的官道以后，朱提丰富的银铜矿产资源成为汉王朝的关注点。出于国家战略需要，作为五尺道上的重镇，汉武帝把朱提从犍为郡中划出单设犍为南部都尉，东汉时又将犍为南部都尉改为犍为属国，行政设置的改变逐步提高了朱提的战略地位，这与朱提拥有的矿产资源及其所处的重要交通干线位置不无关系。五尺道成为汉王朝经略西南夷的重要交通线以后，朱提便成为汉文化南下云南的前沿重镇，为汉文化在云南的传播和扎根作出了重要贡献。与此同时，朱提社会经济空前发展，文化高度发达，其著名铜官造手工业产品——朱提堂狼铜器闻名全国[7]，受到全国各地人们的喜爱。朱提为云南省最发达的地区，"朱提文化"成为云南这一时期的主流文化。

刘备入蜀第二年，蜀汉出于战略考虑，即把汉代的犍为属国提升为朱提郡，把它作为经营南中的桥头堡，这与五尺道这一重要交通线也是紧密关联的。魏晋以后，由于南中大姓的连年征战，朱提的经济受到严重影响，汉族屯民和大姓纷纷离开朱提迁徙至滇池及以南区域，朱提为爨氏所控制。云南经朱提通往四川的交通大动脉——五尺道失去了应有的战略地位，逐渐荒废。

唐初置戎州都督，治所在今四川宜宾，包括昭通在内的云南各州、县隶属戎州都督。唐天宝年间派大军征讨南诏，据《蛮书》载："从戎州（今宜宾）南，十日程至石门（今豆沙关）。……天宝中，鲜于仲通下兵南谿（溪），亦是此路，后遂闭绝。"[8]自此，唐王朝在戎州的势力退至石门以北。765 年，南诏开拓东部，在昆川设置拓东城（今昆明）；贞元十年左右设置拓东节度使，治拓东城，今昭通地区属其管领。事实上，由于石门路闭绝，此时昭通境域既不受唐朝势力管辖，也不受南诏势力统治，而是分立为很多互不统率的部落，与中央王朝的主流文化渐行渐远，并逐渐成为自行管理的民族区域。唐袁滋题名摩崖石刻里提到的"开路置驿"反证了这一点，说明袁滋一行入云南册封南诏之前，石门路作为四川通往云南的交通大动脉的功能渐失而仅为朝廷的备用通道。自袁滋一行册封南诏来回经过此道以后，我们也很难看到再有史籍记载这条道路的情况，也就是说石门路在唐贞元十年以后再次闭塞。此时昭通境域为东爨乌蛮所据。《蛮书》关于东爨乌蛮的记载有："男则发髻，女则散发，见人无礼节跪拜，三译四译乃与华通。"《永昌郡志》记朱提夷："夷分布山谷间，食肉衣皮，……语言服饰不与华同。"这些记载折射出昭通当时的社会经济呈现的落后状态。关于这一情况，方国瑜先生曾论述道："唐自天宝以后，戎州羁縻统治势力，撤退至石门北。又爨氏破灭以后，受南诏统治，惟南诏实力只达制长馆或石城，即樊《志》所谓西爨区域。质言之，爨氏破灭后，东爨区域已不受外力统治，在此区域分立为很多部落。"[9]

两宋时期，昭通亦为宋王朝和大理政权之间一艘漂泊不定的航船，拆楫断桅，搁浅在远离历史进程的港湾中。考古调查显示，目前为止昭通境域除了唐袁滋题名摩崖石刻外，极少发现唐宋时期的遗存，这与王朝对云南地区管理方式的调整不无关系。但更为重要的是，石门路这条西南咽喉通道的闭绝，切断了昭通与宜宾的直接联系，导致了昭通社会经济的倒退，这种倒退对昭通历史发展进程的影响是相当巨大的。

元跨革囊，进兵平定云南以后，为了巩固其统治，首先改善了与内地的交通条件，由乌蒙（今昭通）至叙州入四川的道路（即石门旧路）成为川滇之间的交通干线之一，称为乌蒙道。至此，云南与内地的联系空前密切[10]。至元十五年（1278年）元廷置乌蒙路，隶属云南行中书省，乌蒙纳入中央王朝统一管理，这是从唐天宝以后王朝设治对昭通进行管理的开始。至此至明、清时期，石门旧路这条连接川滇之间的交通线以及沿途区域皆受到朝廷的有效管理，石门旧路的畅通再一次推动了昭通区域的社会经济向前发展。

今天，在昭通盐津豆沙关石门古道旁，映入人们眼帘的是五条连接云南和四川的交通巨龙——“古今五道”（石门古道、水道、国道、铁路、高速公路）景观。它让每一位来到石门古道的体验者在真切地体会古人智慧的同时，也为我们的祖先在西南山地开创的交通文明奇迹而自豪。

如上所述，石门路前承五尺道，后启元明时期的乌蒙道直至今天的铁路和高速。这条道路从开辟直至今日，一直是川滇之间的交通脐带，更是昭通与周边区域联系的交通命脉，它见证了昭通各个历史时期社会发展的起起伏伏：出川入滇道路通则繁荣，阻则停滞乃至倒退。

注释

[1]~[4]严斯信：《唐袁滋题记摩崖刻石简释》，《昭通文史资料选辑》第3辑，1988年。

[5]段渝：《五尺道的开通及其相关问题》，《四川师范大学学报》（社会科学版）2013年第4期。

[6]《史记》卷116《西南夷列传》，中华书局，1959年。

[7]丁长芬：《东汉时期昭通朱提堂狼造铜器相关问题研究》，《昭通学院学报》待刊。

[8]谢允鉴：《关于唐袁滋〈题名摩崖〉》，《文物集刊》1980年第2期。

[9]方国瑜：《滇史丛论·第一辑》，上海人民出版社，1982年。

[10]何耀华总主编：《云南通史·第四卷》第39页，中国社会科学出版社，2011年。

重庆中国三峡博物馆藏商周有铭铜器小识

周　博　重庆中国三峡博物馆文博馆员

摘　要：重庆中国三峡博物馆旧藏中不乏商周青铜器，本文选取其中三件作一初步探讨。父丁卣、父乙觚的年代为商代晚期，司寇良父簋当系春秋早期器。父丁卣的器主属于𢍰族，该族自商代晚期延续至西周早期。司寇良父簋的作器者是"司寇良父"，"司寇"系职官名，"良父"属字。父丁卣、司寇良父簋对研究商周家族、职官、人物等问题具有重要的价值。

关键词：商周；青铜器；父丁卣；父乙觚；司寇良父簋

重庆中国三峡博物馆收藏的商周青铜器较为丰富，按其来源，大致分为考古发掘、调拨移交、捐赠征集等几类。移交、捐赠品中不少带有铭文，具有一定的研究价值。鉴于基本未见著录，今择其中三件予以介绍，并作初步的研究。不当之处，敬请方家指正。

一　父丁卣（馆藏号：15001）

卫聚贤先生捐赠，1951 年入藏。通高 28.6、口径 14.9、腹围 61、圈足径 18.5 厘米。腹、口及圈足横截面作扁圆形。外罩式盖，盖面中部起脊，顶部为瓜形纽，盖沿下折作束腰形。子母口，器口斜直，有残损。腹上部两侧有一对半环形纽，套接绳索状提梁。鼓腹下垂，圈足外撇。盖面与上腹部均施一周纹饰带，带上下两栏内为连珠纹，中部为菱形方格，内填雷纹，而上腹部中间又饰以兽首。器底与盖内对铭，均作："亚𢍰，父丁"（图一）。

与父丁卣形制相近的有安阳梅园庄南地所出的祖乙卣（M92：3）[1]、安阳大司空 M303 出土的马危卣（M303：120）[2]、山东滕州前掌大墓地出土的史卣（M38：66、M38：61）[3]（图二）。

图一　父丁卣

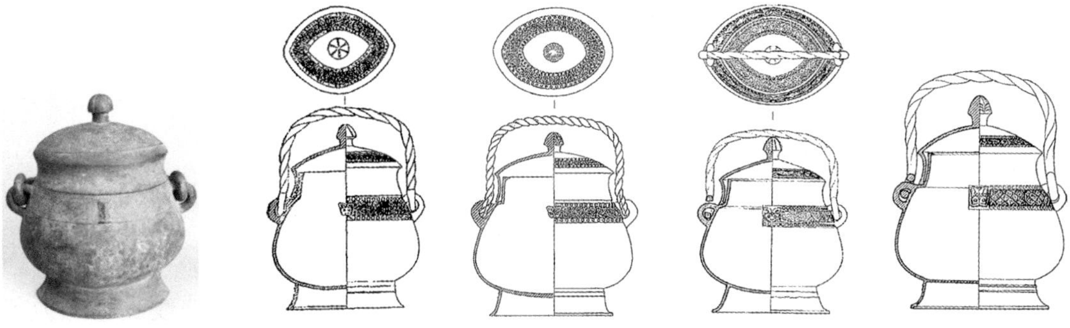

1　2　3　4　5

图二　铜卣

1. 父丁卣　2. 祖乙卣（安阳梅园庄南地 M92：3）　3. 马危卣（安阳大司空 M303：120）　4. 史卣（山东滕州前掌大墓地 M38：66）　5. 史卣（山东滕州前掌大墓地 M38：61）

这些卣年代均为商代晚期。作为纹饰边带的连珠纹流行于商代，菱格雷纹则见于商代晚期至西周早期[4]。父丁卣盖面、上腹部纹饰基本与前掌大墓地所出商代晚期史卣（M38：61）一致。从铭文字体来看，“隼”字上偏旁的“鸟”象形意味浓厚，下笔出锋。“父”首笔也有出锋。字形大小不一，笔画较为浑厚。这些符合晚商金文的时代特征。据此，父丁卣的年代似可定在商代晚期。

下面，我们对父丁卣的铭文作一简要探讨。

“亚”，含义众说纷纭，有说是族名的标识符号[5]，有说是职官名[6]，暂且存疑。“𡴕”，亦见于卜辞，字形作、、、，或加“又”，作“”[7]，二者当系同字[8]。卣铭“𡴕”系族氏名号，“父丁”为日名。“𡴕”族见于殷墟甲骨文：

1. 丙辰卜，亘贞：𡴕亡灾，二月。(《合集》7946[9]，宾组)

2. 甲午卜，𡴕贞：亚受年。

甲午卜，𡴕贞：不其受年。(《合集》9788 正，宾组)

3. 一一二二小告（正）

𡴕来。(反)(《重庆三峡博物馆藏甲骨集》25，宾组)

第 1 条贞卜𡴕是否无灾，体现出商王对𡴕族的关心；第 2 条的𡴕系贞人，反映出𡴕族之人有任职于商王朝；第 3 条卜问𡴕是否会来。据此来看，商王朝与𡴕族似保持着友好的关系。另外，𡴕族又见于商周金文，今抄录于下：

1. 𡴕（𡴕鼎，《集成》1089[10]，商代晚期）

2. 亚𡴕，父丁。(父丁簋，《铭图》3972[11]，商代晚期)

3. 亚𡴕[12]（亚𡴕爵，《集成》8281，商代晚期）

4. 亚𡴕（亚𡴕爵，《铭图续》589[13]，商代晚期）

5. 亚𡴕，示癸。(亚𡴕示癸觚，《铭图续》700，商代晚期)

6. 亚𡴕，示（亚𡴕示觯，《铭图》10392，商代晚期）

7. 亚𡴕（亚𡴕卣，《铭图续》848，商代晚期）

8. 示辛，亚𡴕。(示辛斝，《集成》9238，商代晚期)

9. 亚𡴕，辛。(亚𡴕辛方彝，《铭图续》887，商代晚期)

10. 亚𡴕（亚𡴕，《集成》9959，商代晚期）

11. 子𡴕（子𡴕铙，《集成》404，商代晚期）

12. 𡴕（𡴕戈，《铭图》16136，商代晚期）

13. 亚𡴕，示（亚𡴕示玺，《铭图》19184，商代晚期）

14. 亚𡴕，父癸。(父癸簋，《铭图》3996，西周早期)

15. 亚𡴕，父乙。(父乙尊，《集成》5727，西周早期)

16. 亚𡴕，父戊。(父戊簋，《铭图续》321，西周早期)

按：第 5、6、8、13 的“示”乃神主之义。第 11“子𡴕”之“子”一般作族长解，“子𡴕”即𡴕族族长之称。据上述金文材料知，𡴕族自商代晚期一直延续至西周早期。从出土地来看，第 4 安徽太湖县流畈乡出土，第 11 传安阳出土，第13传安阳殷墟出土，第14湖北叶家山M65出土，第16山西大河口M1出土。族器物的出土地较为零散，难以推定其家族居处。

二 父乙觚（馆藏号：15004）

申彦丞先生捐赠，1951年入藏。通高26.6、口径15厘米。喇叭形口，腹部外鼓有两道扉棱，腹壁竖直。圈足上部有前后对称的近于长方形的镂孔，底作台阶状。腹部与圈足均饰目云雷纹，腹部上下为凸弦纹。圈足内壁铸有铭文二字："父乙"（图三）。

父乙觚的口径与器高指数比约为56%，应归于岳洪彬先生《殷墟青铜礼器研究》所划分的Aa型觚，近于其中的Ⅲ、Ⅳ式，流行于殷墟青铜器第二期晚段至第四期末[14]。具体而言，与父乙觚形制接近的有安阳小屯村北出土的韦觚（M17：5）[15]、《陕青》1.65、《陕青》1.70[16]、河南荥阳小胡村M22：2[17]（图五），这些年代均为商代晚期。父乙觚的纹饰也与韦觚、《陕青》1.65、小胡村M22：2类似。综合形制、纹饰判断，父乙觚的年代似可定在商代晚期。

三 司寇良父簋（馆藏号：31360）

公安部移交，1952年入藏。通高15.5、口径18.5厘米。子母口，失盖。弇口，圆鼓腹，近底部圆曲内收，底近平。两侧有一对兽首耳，下接曲尺形垂珥。圈足外侈，下有三矮蹄足。口沿下饰一周窃曲纹，腹部为波带纹，圈足饰垂鳞纹（图四）。

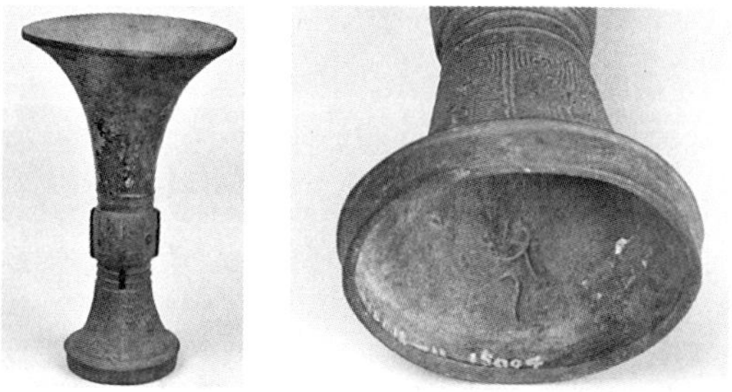

图三 父乙觚

图四 司寇良父簋

1　2　3　4　5

图五 铜觚

1. 父乙觚 2. 韦觚（安阳小屯村北M17：5） 3.《陕青》1.65 4.《陕青》1.70 5. 河南荥阳小胡村M22：2

器内底有铭文3行16字（重文2），为（图六）：

司寇良父乍（作）
为卫姬簋，子＝
孙＝永保用。

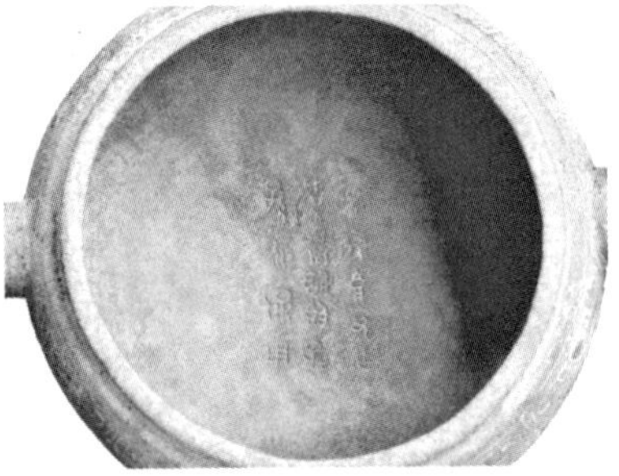

图六　司寇良父簋铭文

从形制来看，该簋可归于朱凤瀚先生《中国青铜器综论》所划分的Da型Ⅳ式，见于西周中期偏晚至春秋中期[18]；也属于彭裕商先生《西周铜簋年代研究》所划分的Ea型Ⅵ式，主要流行于宣王及其后，延续至春秋早期[19]。

从纹饰来看，窃曲纹盛行于西周中期至春秋早期；腹部的波带纹应属于朱凤瀚先生《中国青铜器综论》所划分的Ⅲ式，流行于西周晚期至春秋早期[20]。陈小三先生认为："两周之际，青铜器的纹样虽未发生明显的变化，但主体纹饰逐渐与器壁齐平，不再像西周晚期及其以前那样突出于器壁，有立体化的感觉，而是向平整化的方向发展，逐步向春秋中期流行的平面化的蟠螭纹或蟠虺纹过渡。"[21]司寇良父簋的纹饰近于器表，立体感较弱，其年代应不早于两周之际。

从器铭来看，布局较散，有横不成排的现象，字形也不规整，大小不一，已非西周晚期流行的"玉箸体"，具有春秋早期金文的特点。

综合器型、纹饰及铭文判断，司寇良父簋的年代似以定在春秋早期为宜。

下面，我们谈谈铭文内容。

"司寇"为职官名，"职司以缉捕寇盗、维护治安为主"[22]。"良父"属字。"职官＋字"的称谓见于春秋早期金文，如"鲁宰驷父"（鲁宰驷父鬲，《集成》707）、"鲁大宰原父"（鲁大宰原父簋，《集成》3987）等。卫乃武王弟康叔之封国，姬姓。"卫姬"当系出自卫国的姬姓女子。司寇良父与卫姬的关系可能为父女，抑或夫妻。

值得注意的是，吴镇烽先生《商周青铜器铭文暨图像集成》收录一件同铭司寇良父簋（编号为：4808），仅有器铭拓片（图七左）。其字体、铭文布局基本与上述馆藏司寇良父簋相同，那么二者有可能系同一件器物。但考虑到出土周代列簋铭文存在相同的情况，《铭图》所收司寇良父簋也可能属于同铭簋之一，与馆藏司寇良父簋并非同一件。另外，《集成》著录一件司寇良父壶（编号为：9641，图七右），铭文内容基本与司寇良父簋相同。器铭布局、字形也与司寇良父簋相似，应系同一时期所作。陈佩芬先生定司寇良父壶为春秋早期[23]，当可信从。

相较而言，上述三件铜器中比较重要的是父丁卣、司寇良父簋。父丁卣为

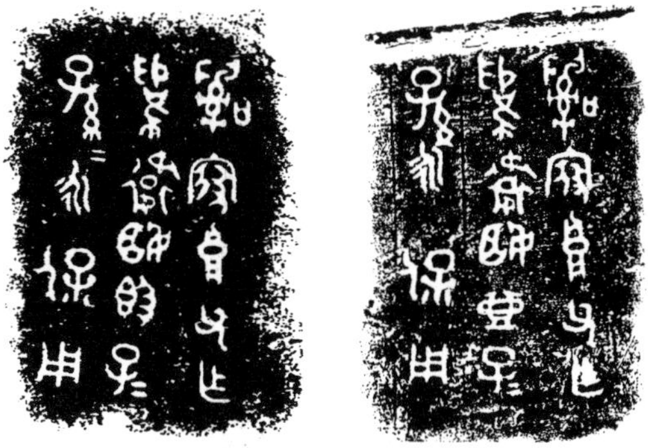

图七　司寇良父诸器铭
（左：《铭图》4808　右：《集成》9641）

研究商代隼族的历史增添了新资料。弇口圆鼓腹附小足铜簋的腹部主纹一般作瓦纹，而司寇良父簋腹部主纹为波带纹，较为少见。这对于我们研究铜簋纹饰的发展演变具有重要意义。同时，司寇良父簋铭文本身又为研究周代职官、人物等相关历史问题提供了新材料。

注释

[1] 中国社会科学院考古研究所安阳工作队：《1987年秋安阳梅园庄南地殷墓的发掘》，《考古》1991年第2期。

[2] 中国社会科学院考古研究所安阳工作队：《殷墟大司空M303发掘报告》，《考古学报》2008年第3期。

[3] 中国社会科学院考古研究所编著：《滕州前掌大墓地》，文物出版社，2005年。

[4] 朱凤瀚：《中国青铜器综论》，第591、595页，上海古籍出版社，2009年。

[5] 陈絜：《商周姓氏制度研究》，第158、159页，商务印书馆，2007年.

[6] 何景成：《商周青铜器族氏铭文研究》，第47~61页，齐鲁书社，2009年。

[7] 李宗焜：《甲骨文字编》，第1122、1123页，中华书局，2012年。

[8] 姚孝遂：《甲骨刻辞狩猎考》，《古文字研究（第六辑）》，第38页，中华书局，1981年；刘钊：《卜辞所见殷代的军事活动》，《古文字研究（第十六辑）》，第123页，中华书局，1989年。

[9] 郭沫若主编，胡厚宣总编辑：《甲骨文合集》，中华书局，1979~1982年。本文简称《合集》。

[10] 中国社会科学院考古研究所：《殷周金文集成》，中华书局，1984~1994年。本文简称《集成》。

[11] 吴镇烽编著：《商周青铜器铭文暨图像集成》，上海古籍出版社，2012年。本文简称《铭图》。

[12] 按：爵铭“隼”字外框作“”，以金文常见“亚隼”来推断，似为“亚”之讹形。第4件爵铭的“亚”形也同此情况。

[13] 吴镇烽编著：《商周青铜器铭文暨图像集成续编》，上海古籍出版社，2016年。本文简称《铭图续》。

[14] 岳洪彬：《殷墟青铜礼器研究》，第73~75页，中国社会科学出版社，2006年。

[15] 中国社会科学院考古研究所安阳工作队：《安阳小屯村北的两座殷代墓》，《考古学报》1981年第4期。

[16] 陕西省考古研究所等编：《陕西出土商周青铜器》，第69、73页，文物出版社，1979年。本文简称《陕青》。

[17] 河南省文物考古研究院：《河南荥阳小胡村墓地商代墓葬发掘简报》，《华夏考古》2015年第1期。

[18] 同[4]，第128、129页。

[19] 彭裕商：《西周铜簋年代研究》，《考古学报》2001年第1期。

[20] 同[4]，第578~581页。

[21] 陈小三：《韩城梁带村墓地三题》，《中国国家博物馆馆刊》2016年第3期。

[22] 陈絜、李晶；《季鼎、扬簋与西周法制、官制研究中的相关问题》，《南开学报》（哲学社会科学版）2007年第2期。

[23] 陈佩芬：《夏商周青铜器研究（东周篇上）》，第72、73页，上海古籍出版社，2004年。

试述民国时期梁叔子的社会关系

——以泸州博物馆馆藏书画为例

晏满玲　泸州博物馆副研究馆员
孔　智　泸州市纳溪区文物保护管理所所长、文博助理馆员

摘　要： 泸州博物馆藏有民国时期政要、文化名人赠与梁叔子的书画。梁叔子乃清末至民国时期川南僻壤长宁县人，为何能得到显贵、名人的亲书赠与？笔者力图从这部分书画作品中捕捉相关信息，以还原梁叔子的部分人生轨迹，让已漫漶的地方人物渐渐清晰。

关键词： 梁叔子；齐白石；林森；陈三立；馆藏书画；题署

泸州市博物馆馆藏书画中，有十余件书画作品题署上明确写明赠与“叔子先生”或“叔子大人”，而书画作者或是当时政要、或是书画名家。“叔子”为何人？为何能得到众多名人青睐与尊崇？笔者带着疑问，将本馆另存几件书有“梁叔子”落款的书法作品进行了比较，认为此十余件作品接受赠与的即“梁叔子”。

梁叔子，字正麟，四川省宜宾市长宁县安南乡人，生于1870年，卒于1951年，新版《长宁县志》上有简略记载：清光绪二十三年拔贡，二十五年任云南姚州知州后升知府；民国元年（1912年）任四川军政府参事，建昌首尹。二十二年（1933年）任四川盐运史；二十四年（1935年）一月任川南12县联团防匪（抵御中共红军长征）临时办事处处长；同年6月，任四川第四区（眉山）行政督察专员；二十六年（1937年），《长宁县志》纂修；三十四年（1945年）任办私立培风中学；三十五年（1946年）任长宁县参议长；三十六年（1947年），当选国民大会代表。

以上文字向我们传递这样一个信息：梁叔子自清末就活跃于四川政坛，晚年从事文化与教育事业。今以泸州博物馆

珍藏的馆藏书画为例，撷取有关梁叔子的信息，以期还原更真实的梁叔子先生。

一　萧俊贤山水立轴

1920年4月，萧俊贤为梁叔子先生作（图一）。作品为水墨山水，远山如黛，近处危岩巉石；水流自远而近，由细流汇成河面；偶有房舍，置于水边和坳间，给人以空濛与冷寂之感。山石作披麻皴，以淡墨湿笔皴擦，浓墨点染，墨色滋润、明洁。灌木丛树，用点叶法，墨色浓淡分明，增强了画面远近、前后的层次感。

图一　萧俊贤山水立轴

萧俊贤（1865~1949年），清末民国时期北京画坛著名书画家、“萧派”山水画创始人。字厔泉，号铁夫，别署天和居士、天和逸人等，湖南省衡阳人。他早年从苍崖法师、沈咏荪学画；后应李瑞清聘请，任教于两江优级师范学堂图画手工科。民国初年，萧俊贤迁居北京，担任国立北平艺术专科学校教授；1920年被聘为“北京中国画学研究会”评议，跻身京华一流画家行列。萧俊贤的山水画气势雄伟，耐人寻味，具有独特风格，被画界称为“萧派山水画”。《清代画史》称他的山水画“出宋入元，以造化为师”，日本人大村西崖所著《中国美术史》称之为“民国以来一大家”。邵洛羊主编的《丹青百家》评说：“他对待中国山水画的传统技法，认认真真，一丝不苟……近代山水画家中，萧俊贤也立有一帜。”（据《湖湘文化名人衡阳辞典》）

此幅作品左侧竖式两列题署：“叔子先生雅鉴，厔泉弟肖俊贤，拟吴历山深岩积翠，时庚申四月。”吴历（1632~1718年），号渔山，江苏常熟人，与“四王”、恽寿平并称清初画坛“六大家”。吴历擅长画山水，作品布局取景比较真实，安置得宜，富有远近感；皴染工细，清润秀丽，善用重墨、积墨；山石富有立体感，风格浑朴厚重。此幅萧俊贤山水立轴，不难看出他吸取吴历山水画的布局与用笔，气韵浑厚，意境幽邃，其画风日臻成熟，是其中年时期的佳作之一。1920年期间，梁叔子先生正履职上川南道观察使，而旅居京城的著名画家萧俊贤却为他挥毫作画，并谦逊落笔“雅鉴”，可见梁叔子先生博洽渊雅的影响力。

二　齐白石五言隶书联

下联左部题款行书“叔子先生清属，乙亥冬齐璜书于故都”（图二），此乙亥年即1935年。时年73岁的齐白石先生正值艺术成就高峰，他诗、书、画、印无所不能，是继清末民初海派画家之后，把传统中国画推向新高峰的又一人，与吴昌硕共享“南吴北齐”之誉。此时的齐白石先生已担任北平艺术专科学校国画教授八年，他所教授的不仅仅是艺术学校的学生，还有社会名流，如当时已蜚声国内外的著名京剧表演艺术家梅兰芳先生。1932年，被誉为“画坛教父”的徐悲鸿亲自为白石先生编选《齐白石画册》，并由上海中华书局印行。乙亥年（1935年）五月，齐白石先生不慎跌伤腿骨，蛰居家内数月，赠与梁叔子先生的这副楹联，应书于此时。“受雨石肤响，流云山气灵”是齐白石先生自撰联，是书非画，字里行间却仿佛能听到雨水击打山石之声，看到云雾在山间穿行，透视出一幅雨中空濛灵异的山水画卷。此联风格朴实，用笔粗稳遒健，笔画平整舒展，上下联既保证了结构规整，又具有笔断意连的气势，整幅字具有浓烈的金石韵味。齐白石先生此时已是公认的国画大师，却在落款处书写“清属”二字，意为该副对联仅供叔子先生玩赏。齐白石性格中具有狂傲的一面，在此却用谦辞“清属”，从中可见大师齐白石对梁叔子的谦谨。

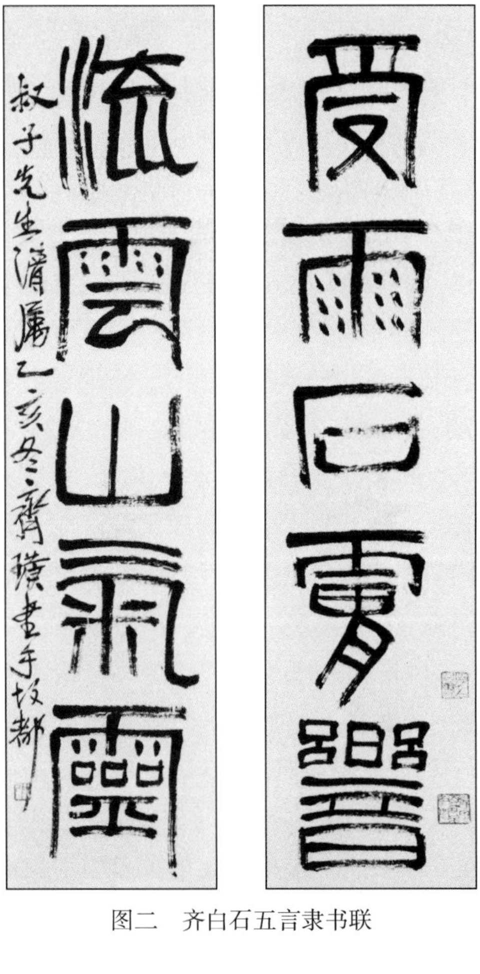

图二　齐白石五言隶书联

三　陈三立楷书横幅

此作为陈三立先生崝庐组诗之一（图三）。崝庐在江西省南昌市西山。1898年戊戌变法失败后，陈宝箴、陈三立父子被革职罢归江西，三立侍父筑室南昌西山，在其母墓旁建屋数楹，“取青山字相并属之义，名崝庐”，后父陈宝箴疾卒，也葬于崝庐。“崝庐诗”是由陈三立历年省墓所作哀诗组成，它不仅是追思悼亡之作，也是以家国旧情、兴亡遗恨为主题的“国身通一”为主题的组诗。泸州博物馆藏陈三立楷书横幅，为五言诗，

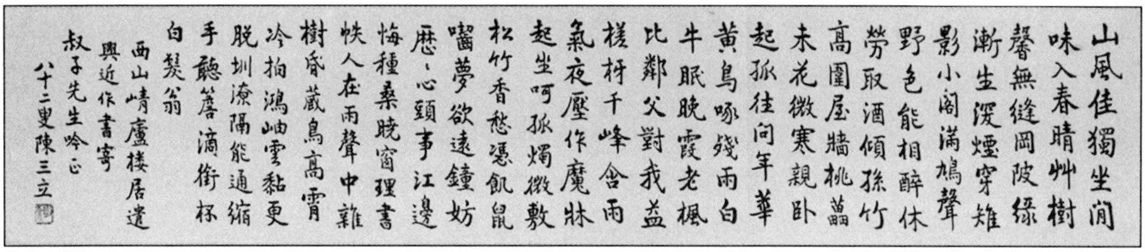

图三　陈三立楷书横幅

诗后题“西山崝庐楼居遣兴近作书寄叔子先生吟正八十二叟陈三立”。

陈三立（1853~1937 年），号散原，江西义宁（今修水）人，近代同光体诗派重要代表人物，与谭延闿、谭嗣同并称“湖湘三公子”，与谭嗣同、徐仁铸、陶菊存并称“维新四公子”，有“中国最后一位传统诗人”之誉。他于 1892 年壬午乡试中举，历任吏部行走、主事。1898 年戊戌变法后，与父亲陈宝箴一起被革职。1937 年“卢沟桥事变”后，北平、天津相继沦陷，日军欲招陈三立，陈三立为表明立场绝食五日，不幸忧愤而死，享年 85 岁。按陈三立先生年龄计算，该作书于 1935 年。此首崝庐五言诗是陈三立先生近作之诗，全诗饱含孤独冷寂之感，从“千峰含雨气，夜厌作魔床。起坐呵孤独，徵敷松竹香。愁凭饥鼠啮，梦欲远钟妨。”中可看出诗人虽已摆脱“家”“父”不幸之悲哀，却又新愁袭来，年事已高的陈三立，陷入无可奈何花落去之孤寂。诗人陈三立借崝庐墓歌哭无端，倾吐心中的落寞与悲凉。他将遣兴而作的五言诗寄予梁叔子先生，并希望叔子先生指正。由此可见陈三立视梁叔子为知己，也通过诗作，释放不宁的心绪。

四　林森楷书联

1940 年梁叔子先生与夫人 70 岁寿辰时，林森手书一副粉色洒金楷书楹联赠与梁叔子夫妇（图四）。楹联内容为“雏凤高骞长依霄汉，伯鸾偕隐大好河山”。上联赞扬叔子先生虽古稀之年却犹如雏

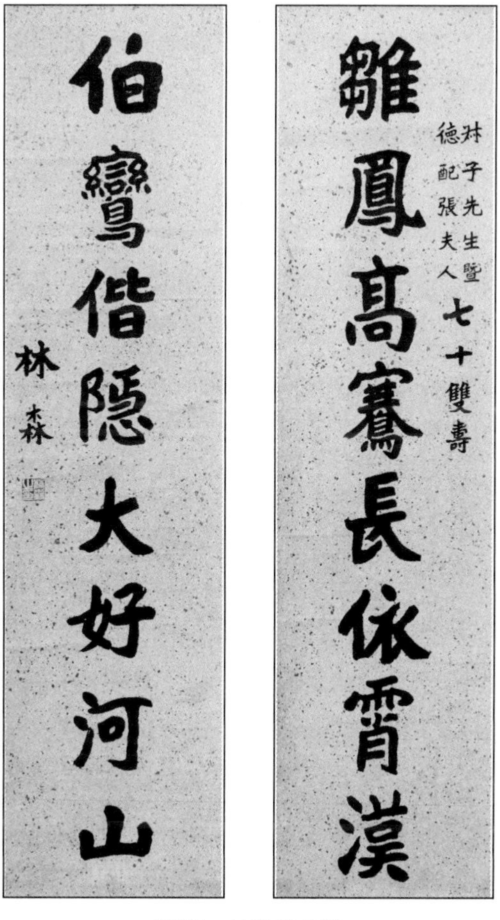

图四　林森楷书联

凤一般翱翔于云端；下联赞扬梁叔子贤丈夫，张夫人德内助，祝福他们未来生活一片大好。

在《后汉书》卷八十三《逸民列传·梁鸿》记载，伯鸾即梁鸿，生活在西汉晚期，今陕西咸阳人。家贫，少孤，受业太学，因品行高节，很多人家想把女儿嫁给他，梁鸿谢绝不娶。后娶相貌丑陋的孟家之女为妻。其女虽貌丑，但贤德，既能与梁鸿咏诗弹琴，也能躬耕纺织，夫妻相敬有礼，恩爱一生。梁叔子与张夫人七十双寿，身为民国主席的林森挥毫献联，一方面可见林森与梁叔子之间的关系密切，另一方面也表明林森对梁叔子与张夫人恩爱夫妻的敬重。据载，林森平生洁身自好，生活力奉简约，尤其他青年丧妻，却终身不续娶，无亲生子女，无三妻四妾，更不像国民党内有些权贵那样奢侈淫逸。梁叔子与张夫人相依相伴共庆70寿辰，国家主席林森认为难能可贵，视之为伯鸾、孟夫人，这是对梁叔子夫妻的高度评价，也说明叔子先生与其妻关系和美。

五 梁叔子篆书轴

为梁叔子先生73岁时手书，书轴内容节选自刘伶的《酒德颂》(图五)。“有大人先生，以天地为一朝，万期为须臾，日月为扃牖，八（徹）荒为（云）庭衢。行无辙（八）迹，居无室庐，幕天席地，纵意所如。止则操卮执觚，动则挈榼提壶，唯酒是务，焉知其余？有贵介公子，搢绅处士，闻吾风声，议其所以……陈说礼法，是非锋起。”文中描写一超越时空的先生，他以万年为须臾，天作帐，地为席，日月作门窗，狂放不羁，随心所欲，唯有酒相随相伴，除了酒，任何功名利禄都可放下。

图五 梁叔子篆书轴

刘伶（约 221~300 年），字伯伦，沛国（今安徽淮北）人，魏晋时期名士，与阮籍、嵇康、山涛、向秀、王戎和阮咸并称“竹林七贤”。刘伶嗜酒不羁，被称为“醉侯”，好老庄之学，追求自由逍遥、无为而治。《酒德颂》中的“大人先生”就是刘伶自己的真实写照。梁叔子先生以篆书录《酒德颂》后，以楷书题署“刘伯伦酒德颂。伯伦文字传世者只此而已。东坡所谓一颂了，伯伦是必，彼二豪者焉，足以语此。七十三叟梁叔子篆。”如果把刘伶称为“醉侯”，苏轼则为“酒痴”。在苏轼三百余首传世的词作中，“酒”字出现了九十多次，他的“明月几时有，把酒问青天”为千古绝句。他见客举杯，写书前饮酒，画画时小酌。除了善饮酒，苏轼还对酒文化研究颇深，著《桂酒颂》，甚至还把自己的酿酒所得著成《东坡酒经》。无论魏晋时期的刘伶，还是宋代的苏轼，他们对酒的酷爱均到了痴迷的程度。他们的共同之处在于皆胸有鸿鹄，却仕途坎坷，郁郁不得志，在日日耽酒的背后，掩盖的是他们的苦闷、无奈和愤懑之情。梁叔子此时心境也如刘伶与苏轼一般。1943 年的中国正在日寇的铁蹄蹂躏之下，内忧外患，民不聊生，而此时的叔子先生年事已高，无能效力，希冀如《酒德颂》中的大人先生一般，借助酒劲方可纵横天地，狂放自由，从而获得灵魂的归宿。

以上仅列举五件书法作品，可粗略看出梁叔子先生在 1920~1943 年间的社会关系及思想状况。在其余有关他的书画作品中，我们亦可捕捉到他在民国时期与政要和文化名人交往的轨迹，也可窥见梁叔子先生的趣闻与爱好。如泸州博物馆收藏的一件红色洒金宣左宗棠行书联（图六），其内容为“华嶽锋尖见秋隼，岳阳楼上对君山”。此行书联书法沉着激迈，功力深厚，个性鲜明；瘦劲的笔致、清峭的结字和疏朗的布局，透露出左宗棠踌躇满志的盛气。而该作品的收藏者是一位叫余濬吾的先生，他与梁叔子先生交往已有十余年，皆爱好鉴赏。他在梁叔子先生 70 岁寿辰时，将最心爱之物——旧藏左文襄墨迹一联赠予梁叔子。他想象当梁叔子先生得到这副心仪已久的对联时的心境与神态——先生览之当必开颜并进一觞焉。从余濬吾先生短短几十字的榜题中，我们可窥梁叔子先生喜欢鉴赏、喜欢收藏、高兴必饮酒的爱好和习惯，由此勾勒出一个文气十足的老先生形象。

昭化德教碑及碑主张问惺

郭　平　绵阳市地方志办公室方志科

摘　要：德教碑，是儒家弟子为感念师恩、歌颂教绩而树立的感恩颂德之碑。广元市昭化区有《敕授文林郎邑儒玉仑张先生德教碑》一通，立于晚清光绪年间。碑文内容反映了清末文人在旧学式微之际，悉心传教，德被一方的执著坚守。碑主张问惺，四川南溪县人，系四川尊经书院首批高材生，曾任昭化县训导十三年，其从教事迹对广元、宜宾两地地方史及晚清蜀学之研究有重要价值。

关键词：昭化德；教碑；张问惺；尊经书院

《敕授文林郎邑儒玉仑张先生德教碑》（以下简称《昭化德教碑》，图一、二），现立于广元市昭化古城之西约四公里处、剑昭公路之北侧，其地名凉亭子，即古蜀道之所经。据当地人介绍，此碑曾被长期挪作他用，后恢复于原处，其挪移及恢复之准确时间不详。

一 《昭化德教碑》介绍

碑体砂岩质，高 166、宽 88、厚 16 厘米。额书“春满杏林”四大字，每字 14 厘米见方；正文十九行，行三十七字，共六百一十八小字，每字约 2.5 厘米见方。碑文完整，辨识并点读如下：

春满杏坛

敕授文林郎邑儒玉仑张先生德教碑

受业丁酉科选拔王永和撰文

文生杨正域书丹

增生罗光烈题额

先生名问惺，字玉仑，蜀南南溪县人也，由名诸生受学使张孝达先生知，调尊经书院肄业。光绪丙子，以优行贡成均，朝考二等。甲申春，选授吾邑训导，品优学富，训迪有方。邑生童及门者，各随其质之高下，以申陶铸，岁科试得意者，大率先生门墙中人。

又以邑文风未振，与前令茅公述经计，创建文昌庙于北山之麓，经费二千余，悉先生亲身募化，归则以簿交董事，从不染手钱刀，曰，“毋以是为我浼。”诸生进学，时例议奉脩贽，大都虚存其数，每拖延二三载，始随便呈纳。奇寒者，则慨予豁免。尝曰，“吾行已在清浊之间，使必高语清廉，悉却羔雁，吾一官千里，何以为生？若琐琐计较，勒索寒士，吾亦不屑为。古云，‘高下在心’，亦行吾心之所安而已。”

在任十三年，从不一增立规矩。两主讲龙门书院，于正课外，增设堂课，书院束脩，即以分奖诸生。生平学问渊博，经史百家、各体诗文，及星象地舆、阴阳医卜之书，靡不通晓。邑中贫病疾苦者，日踵其门，授以刀圭，辄得奇效；尤精洞渊九容之术，旁邑士闻风向往者甚伙。尝患世之为学者，钻研制（艺），剽截枝叶，而于先贤根本盛大处，未能讲求，每思以许郑孔王之学，为士林提倡，惜邑庠寒士居多，迫于科举，未能悉遵其教，然而余韵流风所沾溉，亦远矣！

先生肄业尊经时，才名籍甚，诸名士互相角逐，为上舍生。日后诸名士皆掇高科，而先生秋闱十三次，甲午始登乡荐，顾学业品望，见重上游。考满时，观察张公麟阁、太守李公春如，俱力为保荐，以卓异题升知县。未及引见，又调广安学去。邑士景仰依恋，不能为河内借寇之举，爰仿益州画像之例，敬勒贞珉，聊志先生教泽云尔。

昭化阖邑士林恭颂

光绪二十三年长夏日立

石工张元刻

第一行“玉仑”下、“先生”上之字有人为刮凿痕迹，难以辨识。据《四川尊经书院举贡题名碑》（图三）考知，“玉仑”是尊经书院学生张问惺之字，故

图一　昭化德教碑（正面）

图二　昭化德教碑（背面）

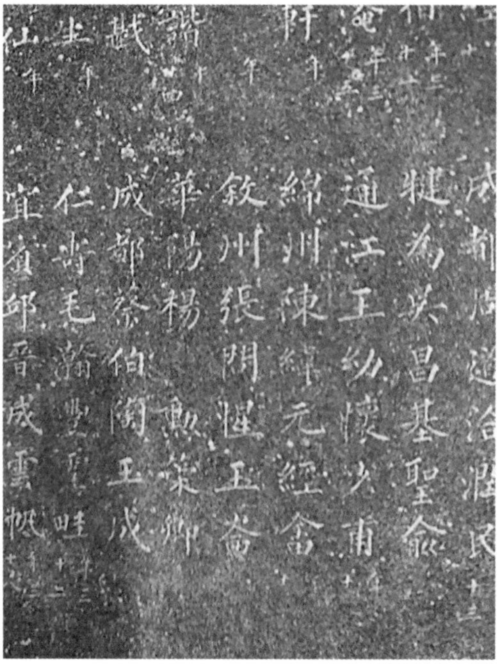

图三　四川尊经书院举贡题名碑（局部）

刮凿处可推断为碑主之姓——“张”[1]；第十二行“研制”下、“剽截”上之字阙如，据文义补为“艺”。

《昭化德教碑》立于光绪二十三年（1897年），系昭化文人为离任的县学训导张问惺所立。张问惺“品优学富，训迪有方”，在昭化任教十三年，振兴文风，培养人才，卓有成效，深受上司推崇，并为士民爱戴，离任之际，士民依依不舍，遂立碑颂扬其教绩。

二　张问惺其人

（一）家世

碑文称“先生名问惺，字玉仑，蜀南南溪县人也”，据民国《南溪县志》载，张问惺“字觉初，一字玉仑，”两相吻合。

张氏是清代南溪望族，聚居于李庄，八世繁衍，至民国时合族扫墓，“子孙千余人”[2]，礼序井然。清代南溪张家历代人名见诸县志者众多，以张问惺起算，自第一代（烈祖）张程孔至第八代（子）张增建，民国《南溪县志》“人士志”列传者即有八人。据笔者不完全统计，张家出了五名举人、五名贡生，几世簪缨相继。张问惺的天祖张瑶“治家有法，……乾隆年间，瑶以富名里中”[3]，张瑶多有善举于桑梓；高祖张懋庄易学精湛，县令翁绍海常以政事咨询；父亲张学铭，咸丰举人，曾被同乡御史赵树吉聘为家庭教师，后“大挑一等得知县，以性不宜官，呈改教职，选岳池县训导，卒于官。”[4]

家境殷实，多有善举，书香之气延绵，南溪张家可谓底蕴深厚。直至民国时期，张家依然煊赫于乡里，张问惺的儿子张增建曾署任理番县知事[5]。

家庭背景对于张问惺的成长及取得的成就，显然有着深刻的影响。

（二）生平

由于笔者掌握的资料有限，张问惺生卒年未详。

《四川尊经书院举贡题名碑》列有五十名举贡生员的籍贯、姓名和年龄，其中三十四人有小字标注年龄，张问惺名下或因漫灭、或因原无，总之未见标注。民国《南溪县志·人士志·贤良》“张学铭传”载，“（张问惺）卒于任，家寓昭化”[6]，亦未指明其去世时间。

据碑文所载，张问惺是光绪丙子年（1876年）优贡，甲午年（1894年）举人[7]，与光绪《叙州府志·选举》、民国《南溪县志·选举篇》均相一致。张问惺入贡于光绪初，迟至光绪中期始中举，可谓科场失利。碑文亦称，“先生秋闱十三次”，能坚持参加十三次乡试，在当时也是不多见的。

据碑文所载，作为昭化训导，张问惺“在任十三年”，起于“甲申春”，即1884年，止于立碑之光绪二十三年，即1897年。其间跨十四年，既称“在任十三年”，则必定曾中断一年。碑文称，张问惺“两主讲龙门书院”，亦可证任职（教）曾经中断。龙门书院[8]，即昭化县学所在，曾名“临江”“葱岭”，道光后以“龙门”为名。

这十四年里，除了中举的甲午科乡试，其他几次张问惺均落第。昭化与成都相隔不远，赴成都参加乡试，与任教昭化，在时间上冲突并不大。惟有1894年参加甲午乡试，既然中举，按情理应于次年（1895年）赴京参加会试，往返逾时，须销任赴考，会试落第返川，按程序重新就任，期间耗去一年。

碑文称，张问惺在昭化任上，经上司保荐，“以卓异题升知县。未及引见，又调广安学去”。笔者查阅宣统《广安州新志》，修志时间恰与张问惺所处时代紧邻，应无遗漏光绪中后期职官之可能，但宣统《广安州新志·职官志》并无张问惺任职记录。民国《南溪县志》称，张问惺“卒于任”，南溪、广安两地记载似有龃龉，孰是孰非？笔者分析认为，调广安当有其事，但未成行，可能是他于昭化卸任后健康出现问题，并于昭化士林为其立碑后不久即去世，故未能赴广安任。

张问惺在昭化的教学工作取得了较大的成功，被上司肯定。任满考评时，川北道及保宁府知府一致荐举他升任知县。不幸的是，张问惺没能继续施展他的才华。

（三）教绩

昭化当蜀道冲要，为川北第一处水陆码头，乃繁盛之地，故有“到了昭化，不想爹妈”之语。这样的地方本不适于读书，但张问惺勇于任事，为专心从教，甚至移居于昭化[9]，十三年来教绩斐然。他主要做了以下几个方面的工作：

1.推崇礼教，庄严祭祀。为了完善礼制，培养读书崇文的社会风气，张问惺独力募资，修建了文昌庙。文昌祭祀在清代被列为国家正祀，为天下州县共行。然而据碑文所载，昭化文昌庙系“创建”，可见相当长的时间里，昭化没有设专门场地祭祀司文之神文昌。创建专祠，以正礼法，可以一窥张问惺作为地方礼教官的良苦用心。

2.有教无类，因材施教。张问惺是尊经书院的高材生，“学问渊博，经史百家、各体诗文，及星象地舆、阴阳医卜之书，靡不通晓”。他很好地贯彻了先师孔子“有教无类”的执教精神。他的教学重点和培养方向视学生资质不同而有所区别，“以申陶铸”，这样显然有利于专业集中而学有所成。昭化当地获得功名的读书人，大多都是他的门生。

3.顺应世风，潜移默化。张问惺并不以迂腐、古板的形象出现在人前，他很好地处理了当时通行的学子向老师缴纳脩贽这一世俗成例。家境贫寒者，一概豁免；家境一般者，时间上可以宽延；家境优裕者，数额上不作要求。这样既不为难学生，也不会使人觉得难以接近，这在当时尤为可贵。他两次任龙门书院主讲，并将于正课之外增设堂课所得的束脩用作学生奖学金。

4.接轨新学，未雨绸缪。“昭化故鄙僿，问惺以经史学倡导后进，士风为之一变，阆中、巴州、苍溪、广元、剑州士人相从学算，掇青衿者凡数十人。”[10]张问惺精通算学，为当地培养了大量造学人才，这在当时士大夫中尤其罕见。算学是晚清教学改革后重点提倡的学科，与当时的“洋务运动”密切相关，保宁府属各州县士子纷纷追随张问惺研习算学，这恰是时代新风的体现。

离任之际，昭化士林对张问惺景仰依恋，他被比作汉代名臣寇恂，人们舍不得又留不住，于是竖碑于大道，颂其教泽。

后　记

也许是冥冥中自有天定，重立于剑昭公路边的《昭化德教碑》，面北背南，方向反了，这与一百多年前昭化士林的相左。

歌功颂德是中华民族的老传统，每当一个朝代礼制颓废、日薄西山时，这传统便衰败变质。德政碑泛滥，名不副实，正是随之而来的一种文化腐朽现象。晚清江苏人俞陛云曾任四川乡试副主考，他著有《蜀輶诗记》，沿途纪行。其中记载路经剑阁时所见，称“……德政碑最多，几于无官不贤”[11]；路经罗江时，又曰“……入罗江县界，新建德政碑，丹碧照目”[12]，造语不无反感嘲讽，可见当时的有识之士也为世风堕落、德政碑泛滥现象而深感不安。德教碑，究其实质，亦属德政碑性质，但细读《昭化德教碑》，其语无华，其事清晰，其情真挚，不啻为彼时腐败土壤里涌出的一股清流。张问惺先生丰富的学识和高尚的人格，至今仍然能够打动人心，是真不朽。

《昭化德教碑》图片及尺寸由绵阳陈友良先生友情提供，绵阳唐林先生拓片以供识读，谨致谢忱。

注释

[1]（清）王闿运记，吴之英书：《四川尊经书院举贡题名碑》，2013年4月出土于四川大学，现存四川大学校史展览馆。

[2][3][4][5][6][7][9][10]《四川府县志辑/民国南溪县志》，巴蜀书社，1992年。

[7]《四川府县志辑/光绪叙州府志》，巴蜀书社，1992年。

[8]《四川府县志辑/道光重修昭化县志》，第688、691页，巴蜀书社，1992年。

[11][12]（清）俞陛云，《蜀輶诗记》，第36、38页，上海书店，1986年。

明昭武将军丁勇墓志考略

黄乐生　宜宾市博物院文博馆员

摘　要： 丁勇，明代四川都司都指挥佥事，三品武将，墓志现藏于宜宾市博物院。丁勇《明史》无传，在《明实录》、清光绪《叙州府志》等史料中有少量记载。丁勇墓志先传后铭，追忆其先祖丁茂，详叙其生平和三子二女及其婚配情况，重点记述了其参与的两次战事，为我们了解和研究明代军制、四川地方史、明中后期四川少数民族斗争形势和改土归流政策提供了珍贵的可靠材料。

关键词： 明代；丁勇；昭武将军；僰人；墓志

宜宾市博物院藏有一方明昭武将军四川都司都指挥佥事丁勇墓志，惜出土信息不详，笔者查清光绪《叙州府志》知，丁勇墓“在真武山盐水溪左”[1]，与志文“公墓在仙侣山（即真武山）[2]之麓”合。墓志青石质，方形，长101、宽62、厚9厘米。志文阴刻楷书，共35行，满行27字，行字不等（图一）。笔者结合相关文献试作考释，不正之处，敬请方家指正。录文如下：

明昭武将军四川都司都指挥佥事西湖丁公墓志铭/

叙南西湖丁公既致其门外之政，厥子世延嗣官指挥同知事，公/欢甚！无何公弃养，世延比岁劻勷兵革间，不克葬者久之，万历己/卯冬十二月念六日始获起公攒，即安于冥室，而以元配张淑人、/生母周祔焉，谓余尝莫逆公也，介状来乞铭。

按状：公讳勇，字有义，/别号西湖，其先定远人，始祖茂仗剑从/高皇帝起濠梁，授指挥同知，定衔在四川叙南卫，语在功臣录传，至公/七世矣。考王妣李氏以弘治癸丑季冬十七日生公邸中，既成童，/修伟精悍，识者器之，正德丙寅袭父䟫（职）。会僰道酋煽乱，公守平蛮/城，当酋冲，简士马，申约束，明赏罚，威名大振，酋易公少年，夜縋健/儿尝之，公夙戒以待，率枭健儿，酋愤恚，拥众悉力逼城栅，五昼夜/不克，公度贼稍懈，开门驰击，僰人死且半，酋仅仅身免，巡抚都御/史禹州马公加其骁雄，委巡视，寻荐为叙泸守

图一　丁勇墓志拓片

备，镇芒遮南，隐然/树长城云。/毅皇帝末造蜀中盗起，直维白草番尤剧，当路素多公将略，兵出必推/谷，授公钺。自偏裨陟主帅，丁年逮皓首，兢兢然如一日，先声所至/靡不凯捷，捷且不扰殆，诗所称矫矫虎臣哉。公佐建昌都司己，又/掌四川都司印。尝入/贺枢筦，大臣问西南事，公抵掌雄辩，凿凿可采，意大用之，公寻乞骸骨，/优游泉石，觞詠尚羊，竟以寿岂终，寔（实）加靖癸亥七月二十五日也，/享年七十有一。初世延为郡诸生，文誉日起，较艺乡闱，几欲蹈延/陵之辙。公亟止曰：吾上世洊遭/殊遇，苟致其身文武一也，世延唯唯承志，说者谓公为将抱武穆之/志，遂蕲王之高，享汾阳之福，盖远世所罕，偃若夫有余而未尽发/者，将不在其后耶。公三子，长即世延，聘陈氏大司马介泉公孙、进/士春浦君妹，娶李氏进士东溪公孙、申吾君姑，子尚幼；次世选，娶/章氏；次世道，邑庠生，娶张氏。女二，长适牟杨行太仆卿东江公子；/次适千户王加相。公墓在仙侣山之麓，□祖阡，礼也。

铭曰：/显允丁公，天植其武，结发临戎，气吞骄虏，僰酋匪茹，螳臂鸱张，我/有虎臣，往斧尔吭，肤功既成，奉身而退，臂使干将，函锋不试，继序/有子，纬武经文，牛眠叶吉，含笑九京。/

赐进士出身进階中议大夫陕西按察司副使奉/

敕整饬临巩等处兵备春野人刘芹撰/

赐进士出身知江西南昌县事邑人申吾李得祐篆/

万历己卯季冬月念陆日不孝男指挥世延刻石/

一　丁勇生平事迹

该墓志先传后铭，追忆其先祖丁茂，详叙其生平和三子二女及其婚配情况。丁勇《明史》无传，在《明实录》、清光绪《叙州府志》等史料中有少量记载。据志文可知，丁勇字有义，号西湖，生于明弘治癸丑年（1493年），卒于明嘉靖癸亥年（1563年），享年71岁。因子“比岁劻勷兵革间”，至万历己卯年（1579年）才正式与妻张氏、周氏合葬。

丁勇官至四川都司都指挥佥事（都司掌印），授昭武将军。都司即都指挥使司，掌一方之军政，与承宣布政使司（司行政）和提刑按察使司（掌刑名）合称“三司”，四川都司设于明洪武八年。《明史·职官五》载：“都指挥使司。都指挥使一人，正二品，都指挥同知二人，从二品，都指挥佥事四人，正三品……都司掌一方之军政，各率其卫所以隶于五府，而听于兵部……都指挥使及同知佥事，常以一人统司事，曰掌印，一人练兵，一人屯田，曰佥书。”昭武将军，武官散阶，“正三品。初授昭勇将军，升授昭毅将军，加授昭武将军”[3]。

卫所制度是明代地方最重要的军事制度，以军屯保证其自给自足，由世袭保证士兵来源，为明太祖所创立，自京师达于郡县，于要害处皆设立卫、所，外统于都司，内统于五军都督府。每卫设指挥使1人，正三品；指挥同知2人，从三品；指挥佥事4人，正四品[4]。卫的长官率世官，或流官。世官九等，即指挥使、指挥同知、指挥佥事、卫镇抚、正千户、副千户、百户、试百户、所镇抚。自丁勇六世祖丁茂任四川叙南卫指挥同知始，至丁勇袭父职，卒后，子世延袭指挥同知正是卫所世官制之一例。

二　丁勇参与的两次战事

墓志重点记述了丁勇参与的明武宗正德年间的两次战事，其一征讨叙州府僰人叛乱，其二征讨龙安府白草番叛乱，是研究西南少数民族的生存状况及与中央王朝的斗争形势的珍贵资料。

僰人，即明代正史和川南地方志称“都掌蛮”“山都”“都掌”“戎僰”“僰夷”者，“历史悠久的川南僰人就是战国秦汉以来的濮僚民族中的僚人，都掌蛮也就是僚人的后裔。”[5]僰人是一支历史上长期活跃于川南“叙南六属”，用铜鼓，行悬棺葬的少数民族。明初，政府变革以夷制夷的土官制，在今兴文、珙县、筠连、高县等僰人活动区域实行改土归流，加之不断涌入的汉族移民与僰人争利日盛等原因，引起僰人极大的不满，致其叛服不常、兵祸不息。“明兴二百年间，王师西下讨罪前后数百战”[6]，自明初至万历之役[7]最终剿灭僰人，此间明廷对僰人上规模的征讨就多达11次[8]。参看墓志所记时间、地点、人事，丁勇参与的战事应属于征讨僰人之战，时间自正德九年（1514年）始，正德十二年（1517年）终，旨在平息普法恶及其继者领导下的武装叛变[9]。《明史·马昊传》载：“有僰人子普法恶者，通汉语，晓符录。

妄言弥勒出世，自称蛮王，煽诸夷作乱。流民谢文礼、谢文义应之。都指挥杜琮战败，文义夺其胄。十二年，昊督指挥曹昱进讨，法恶败，走保青山寨。昊分据水口，绝其汲道，阙南方围待之。贼乏水渴，突南围，官军遮击。法恶中流矢死，诸蛮大奔。”清光绪《叙州府志·纪事》对这次明政府征剿僰人的记载更为详尽，普法恶死后，“余党推阿告为主拒守”，阿告乞降被“乡兵邀功杀之”，后流民谢文义继续领导战斗，至正德十二年十一月方息，僰人被“俘斩三千余，其坠崖溺水者不可胜数”。

丁勇之守“平蛮城”，翻看相关文献，未见有“平蛮城”者；唯万历之役后，四川巡抚曾省吾于万历二年将兴文县九丝城改为平蛮城。僰人世居地、“王城”所在、明廷剿灭僰人最后一战发生地、万历之前明军未曾攻占过九丝城，这是学界特别是宜宾本地学者就九丝城的普遍认识。然丁勇守平蛮城在万历二年之前，盖刘芹万历七年撰墓志时以当世之名“平蛮城”呼过去之九丝城。

墓志记述丁勇的另一次战功即正德末年征讨白草番。关于这次战斗，史料不详。白草番即明代生活在今平武、北川、松潘三县一带的羌藏少数民族，因主要分布在今北川白草河、青片河故名。该片区域即为松潘、茂县羌藏区和安绵汉区的中间地带，又是明王朝向松茂番区输送粮饷等军需物资的重要干线和必经之地。同时，明代也是白草番与明王朝抗争最频繁、最激烈的时期，明王朝曾对其发动数次万人以上的军事征讨。嘉靖二十六年（1547 年），在巡抚张时彻、总兵何卿的领导下，明军集结约 3 万兵力发动了对白草番的大规模征剿，并修建一系列军事防御设施，令白草番再无对抗能力[10]。据张时彻《平白草番记》载：“都指挥丁勇率兵 6000 隶石泉哨军，游击将军龚锐率兵 4000 隶坝底哨军，游击将军曹克率兵 3000 隶龙州哨军”，表明丁勇也参与了这次征剿，且至迟在这时已擢升至四川都司任职。事后嘉靖皇帝论功行赏之时，丁勇亦赫然在列[11]。

三　其他相关人物

巡抚都御史禹州马公，即马昊。马昊《明史》有传，宁夏人，墓志禹州误，弘治十二年进士，丁勇战平蛮城时任四川巡抚。“昊长身骁捷，善骑射，知兵”“昊有才气，能应变，挥霍自喜，所向辄有功。”但马昊居功自傲，“巨寇方四、曹甫等方炽，洪钟讨之久无功。昊至，阅所部，笑曰：‘将不知兵，其何以战？’”后因草率推行改土归流、纵容部下夺人田业致“自黎雅以西，天全六番皆相继乱”而遭人弹劾，进而被革职逮捕[12]。丁勇因平蛮城一战治军有道，宽严相济、赏罚分明、战术得当，最终准确把握战机，大败僰人，深得马昊的赏识和信任，马昊“加其骁雄，委巡视（即叙南卫巡视指挥，《珙县志》载嘉靖年间任，实为正德年间误），寻荐为叙泸守备”，可谓年少有为。

墓志撰者陕西按察使司副使刘芹，

纂者南昌知县李得祐，与墓碑的另一个题者陈子云均见于清嘉庆《宜宾县志》。刘芹，嘉靖丁未科进士；陈子云（《宜宾县志》陈子需误），隆庆辛未科进士；李得祐（《宜宾县志》李得佑误），万历甲戌科进士[13]。陈子云、李得祐同为丁世延姻亲。

结　语

丁勇少年得志，戎马一生，在四川军界深耕数十载，地位超然，予其子世袭指挥同知即是明王朝对其功绩的最大肯定。该墓志记述了丁勇自正德元年袭父职、马昊委巡视指挥、荐叙泸守备、至佐建昌都司（即四川行都司，因驻建昌卫，故以代）、四川都司掌印的军旅生涯，为我们了解和研究地方史、明代军制、明中后期四川少数民族的斗争形势和改土归流政策提供了珍贵的可靠材料。

注释

[1]（清）王麟祥修，邱晋成纂：《中国地方志集成·四川府县志辑》第28~29册，《光绪叙州府志·冢墓·丁西湖墓》，第464页，巴蜀书社，1992年。

[2]（清）刘元熙纂，四川省宜宾市志编纂委员会校注：《宜宾县志·山川志·师来山》，第41页，巴蜀书社，1984年。

[3]《明史》卷七二《职官一》，第1751页，中华书局，1974年。

[4]同[3]，卷七六《职官五》，第1872页。

[5]屈川：《川南都掌蛮反明斗争考述》，《民族研究》1987年第4期。

[6]同[1]，《光绪叙州府志·金石·平蛮碑》，第498页。

[7]万历之役：即万历元年（1573年），在四川巡抚曾省吾和总兵刘显的主持下，调集官军和永宁、水西、酉阳土兵14万，发起明王朝对僰人的最后一战，史称“万历之役”。是役共焚僰寨60余座、营舍7000余间，斩4600余人，俘2300余人，致僰人这个古老的民族彻底消亡。《明史》《四川通志》、叙州府县方志、曾省吾《平蛮录》及石刻碑铭对万历之役均有详细记载。

[8]同[1]，《光绪叙州府志·金石·功宗小纪碑》，第496页。

[9]同[1]，《光绪叙州府志·纪事》，第679页。

[10]罗胜利：《北川明代军事设施关、堡、墩初探》，《四川文物》2000年第6期。

[11]《明世宗实录》卷三二二。《明世宗实录》卷八八还有嘉靖七年（1528年）关于丁勇平芒部沙保之乱的记载，盖因丁勇“贪功泄机”被“革去冠带”，故在志文中对此事避而未谈，这表明丁勇“镇芒迤南”时，并非墓志所谓“隐然树长城云”的夸赞。

[12]同[3]，卷一八七《马昊传》，第4966页。

[13]（清）刘元熙纂，四川省宜宾市志编纂委员会校注：《宜宾县志·选举》，第199、200页，1984年。

《西南半壁》编辑部启事

《西南半壁》是宜宾市文化广电新闻出版局主管、宜宾市博物院主办的立足宜宾、面向西南的学术刊物，内容涵盖博物、文物、历史和非物质文化遗产等诸多领域。刊物坚持学术性和普及性为主，同时兼顾资料性。2018 年 10 月创刊，暂定一年一期。现就相关问题，作如下说明。

栏目设置

1. 酒都酒文化　研究酒都宜宾及中国白酒的起源、发展、酒风和酒业。

2. 博物馆建设　博物馆建设、运行、陈展、教育、文创、藏品研究等方面的实践和理论。

3. 文物与保护　对文物的抢救、保护、利用、修复进行研究，挖掘文物价值。

4. 研究与探索　文博领域创新性的新信息、新经验、新观点、新成果。

5. 古迹追踪　介绍西南地区优秀的、有影响力的历史人文，包含地方特色文化、杰出人物和民风民俗。

6. 馆藏与鉴赏　对重要文物进行研究，挖掘历史、艺术和科学价值。

征稿要求

1. 来稿格式

（1）题名。包括文章的要旨，一般不超过 20 字。

（2）作者。作者简介包括姓名、单位、学位、职务或职称，主要研究方向、通讯地址、电子信箱、联系电话。

（3）摘要。摘要内容为文章的浓缩，突出自己的观点，不超过 200 字。

（4）关键词。3~8 个文章主要内容的名词性术语。

（5）正文。要求立意新颖，观点明确，内容充实，论证严密，语言精炼，资料可靠。字数以 3000 字左右为宜（重大学术文章除外），尤为欢迎有新观点、新方法、新视角的稿件。图片最好彩色，分辨率为 300dpi 以上，并附说明文字。

（6）注释：采用尾注形式，可用带方括号的阿拉伯数序标注，需要规范。

2. 文章稿酬

来稿保证无抄袭、署名排序无争议，文责自负，请勿一稿多投。来稿一经采用，将发出《用稿通知单》，稿费为 200 元 / 千字，并赠送当期刊物 2 册。

稿件的版权（包括电子版权）属于宜宾市博物院。

3. 投稿方式

本刊实行无纸化办公，来稿一律通过电子邮件（WORD 文档，题目用宋体 3 号，其余宋体 5 号）。30 个工作日未见通知可自行处理。欢迎来电查询，以免影响正常发表。

投稿邮箱：xnbb2018@163.com

咨询电话：0831—8224168